認知症ケアのための家族支援

Family support for dementia care

臨床心理士の役割と多職種連携

小海宏之・若松直樹／編著

Hiroyuki Koumi　Naoki Wakamatsu

クリエイツかもがわ

CREATES KAMOGAWA

はじめに

わが国は超高齢社会を迎えるに伴い、認知症高齢者の増加が大きな社会問題になりつつあり、高齢者支援に関わる専門職者の担うべき役割も増大してきています。

そんな中、同編者である新潟リハビリテーション大学の若松直樹先生と共に、日本心理臨床学会自主シンポジウムを約一〇年間企画し、認知症の人に関わる際に必要な三つの柱として、①心理アセスメント、②心理・社会的（非薬物）アプローチ、③家族支援について、臨床心理士の先生方と検討を重ねてまいりました。その内、①と②に関しては、すでに『高齢者こころのケアの実践　上巻：認知症ケアのための心理アセスメント』（小海宏之・若松直樹（編著）、二〇一二：創元社）、『高齢者こころのケアの実践　下巻：認知症ケアのためのリハビリテーション』（小海宏之・若松直樹（編著）、二〇一二：創元社）として上梓しました。

そして、最後の柱である、③家族支援に関しては、これまでも臨床心理士の先生方と日本心理臨床学会自主シンポジウムの中で検討を重ねてきましたが、この関わりは特に多職種連携をいかに適切なものとするかが最も大切な要因になろうと考えています。

そこで、本書は、家族支援に関する臨床心理士の役割のみならず、家族支援を検討する上で最も大切な多職種連携について、看護師、作業療法士、理学療法士、言語聴覚士、社会福祉士、精神保健福祉士、介護福祉士、介護支援専門員、成年後見人の立場からご執筆いただき、紹介することで、認知症高齢者ご自身とそれを支える家族を中心に置き、多職種が連携することの重要性や社会のあり方について少しでも考える機会になればと考えています。

最後に、本書の企画に賛同し、快く執筆を引き受けていただいた諸先生方に深く感謝を申し上げます。また、この出版企画を支えていただき、多大なご援助をいただいたクリエイツかもがわ代表取締役の田島英二様とチーフコーディネーターの岡田温実様に、深く感謝を申し上げます。

二〇一七年三月

花園大学社会福祉学部　臨床心理学科
教授　小海宏之

Shinri Assessment.

Part. 1

認知症の人を支える
家族支援としての

心理アセスメント

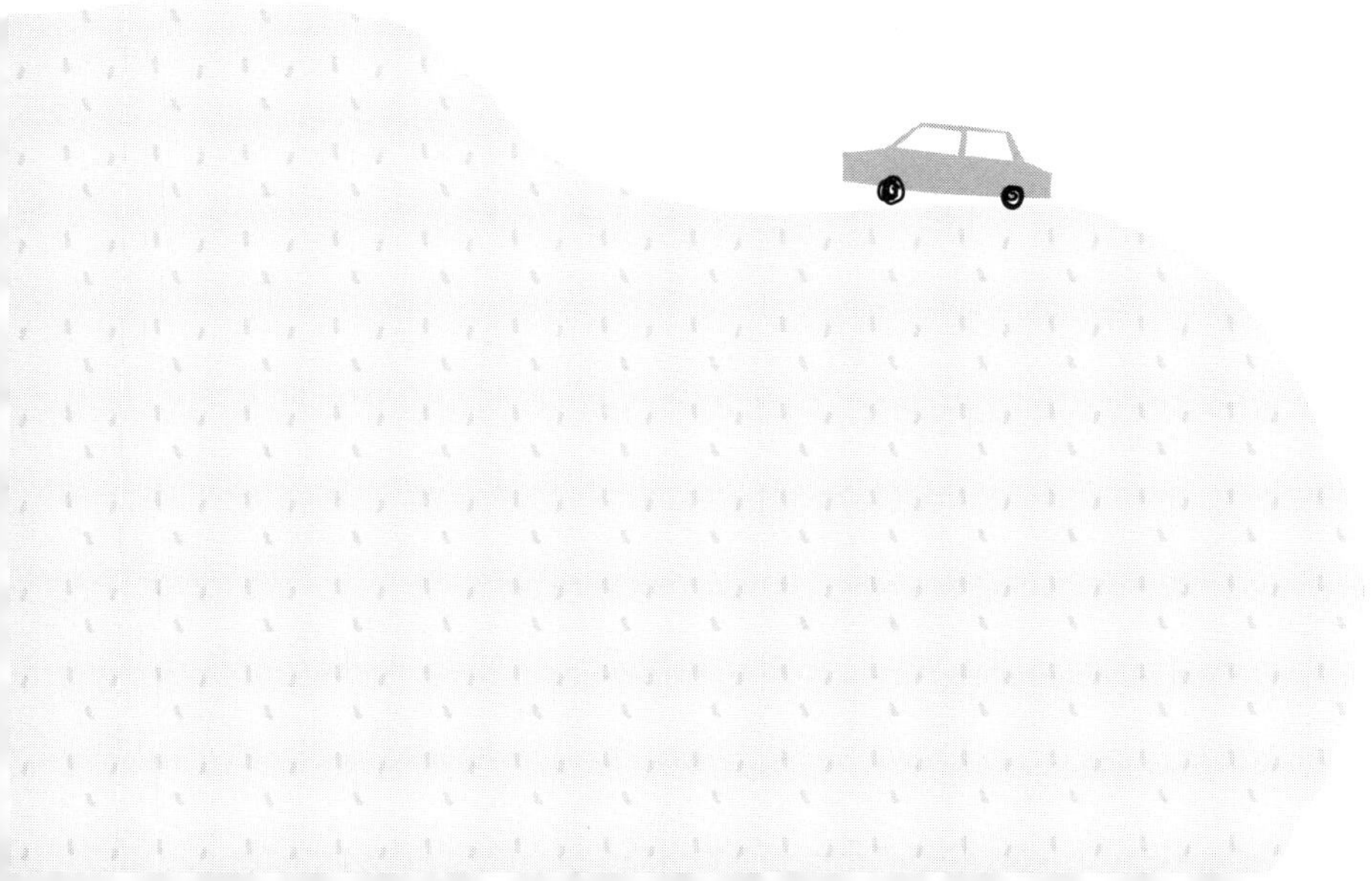

Chap.1

家族支援としての心理アセスメントのあり方

花園大学社会福祉学部
臨床心理学科
小海宏之

はじめに

わが国は超高齢社会を迎えるのに伴い認知症を抱える人の増加が大きな社会問題になりつつあり、そのような疾患を抱える高齢者支援に関わる専門職者の担うべき役割も増大してきています。さらに、認知症の人を支える家族は、しばしば「隠れた患者（The hidden patients）」といわれるように、介護負担度の高い家族がうつ病になったり、場合によっては、共倒れになる危機に見舞われることもあります。

そこで、本章では、認知症の人を支える家族が共倒れになるのを防ぐために大切となる、認知症の人の心理アセスメント、介護負担度やうつ傾向を把握するための心理アセスメント、および介護負担感の内容や家族心理の段階の心理アセスメントについて述べ、さらに、認知症の人の家族カウンセリングの一般的留意点について考えたいと思います。

1 認知症の人の心理アセスメント

認知症の人の心理アセスメントを行う際には、Magnetic Resonance Imaging（MRI）などの脳画像やSingle Photon Emission Computed Tomography（SPECT）などの脳機能画像診断ではわからない、認知機能の特徴を神経心理検査により詳細に把握することが大切となります。そこで、家族支援としての心理アセスメントとしては、まず、軽度認知障害もしくは、認知症の初期の段階で、認知症の人ご本人に改訂長谷川式認知症スケール（Hasegawa Dementia Scale-Revised：HDS-R）やMini-Mental State Examination（MMSE）などの簡易なスクリーニング検査だけでなく、Alzheimer's Disease Assessment Scale（ADAS）やリバーミード行動記憶検査などの神経心理検査による精査を受けてほしいと思います。そして、保持されている認知機能と障害されている認知機能を踏まえたケアアドバイスを、主治医などから、きちんと受けてほしいと思います。例えば、道順障害が見られるなら安易な気晴らしの散歩は逆効果となるでしょうし、予定記憶障害が見られるなら無用な約束は避けたほうがいいでしょうし、構成障害や遂行機能障害が見られるなら自動車の運転はやめる方向で検討すべきでしょうし、これらは詳細な神経心理検査で測定しないとよくわからないのが実際だからです。

また、認知症にはアルツハイマー病、脳血管性認知症、レビー小体型認知症、前頭側頭葉変性症などさまざまなタイプがあり、それによって抗認知症薬の選択も変わりますし、予想される経過も異なります。それらを検索するためにも詳細な神経心理学的評価は大切なものとなります。

さらに、認知症の人ご本人に、妄想、興奮、脱抑制、易怒性、異常行動など認知症の行動と心理症状（Behavioral and Psychological Symptoms of Dementia：BPSD）が見られ困った上で、かかりつけ医に相談したり、病院の専門外来を受診するに至った場合もあると思います。そのような場合は、例えば、BPSDを客観的に測定するためのNeuropsychiatric Inventory（NPI）なども開発されていますので、このような客観的な検査に基づいたケアアドバイスを、受けるのも大切になるでしょうし、別章で紹介されていますので、そちらを参照してください。

2 介護負担度の心理アセスメント

介護負担は、「親族を介護した結果、介護者が情緒的、身体的、社会生活および経済状況に関して被った被害の程度」と定義されています（Zarit et al.,1980）。その介護負担度を評価する尺度として、わが国でもよく使用されているのが、ザリット介護負担尺度（Zarit Caregiver Burden Interview: ZBI）であり、二二項目の質問からなりますが、本書では、八項目の短縮版を紹介します（表1参照）。◎を付したPersonal Strain（介護を必要とする状況に対する否定的な感情の程度）と、△を付したRole Strain（介護によって社会生活に支障を来している程度）で構成されており、J-ZBI_8では、介護で困っていると答えた介護者の平均は九・三一点（標準偏差七・一九点）、困っていないと答えた介護者の平均は三・四五点（標準偏差四・五七点）であったとされています（荒井ら、二〇〇三）。したがって、八項目版で六点以上の場合は、介護負担度が黄信号から赤信号ととらえて、専門家に相談されたほうが望ましいでしょう。

表1）ザリット介護負担尺度短縮版（J-ZBI_8）

各質問について、あなたの気持ちに最も当てはまると思う番号を○で囲んで下さい			思わない	たまに思う	時々思う	よく思う	いつも思う
◎	1	介護を受けている方の行動に対し、困ってしまうと思うことがありますか	0	1	2	3	4
◎	2	介護を受けている方のそばにいると腹が立つことがありますか	0	1	2	3	4
△	3	介護があるので、家族や友人と付き合いづらくなっていると思いますか	0	1	2	3	4
◎	4	介護を受けている方のそばにいると、気が休まらないと思いますか	0	1	2	3	4
△	5	介護があるので、自分の社会参加の機会が減ったと思うことがありますか	0	1	2	3	4
△	6	介護を受けている方が家にいるので、友達を自宅によびたくてもよべないと思ったことがありますか	0	1	2	3	4
◎	7	介護をだれかに任せてしまいたいと思うことがありますか	0	1	2	3	4
◎	8	介護を受けている方に対して、どうしていいかわからないと思うことがありますか	0	1	2	3	4
判定　負担感高群　9.31±7.19点 負担感低群　3.45±4.57点			合計点				点

注：◎J-ZBI_8 Personal Strain, △J-ZBI_8 Role Strain　（出典：荒井ら、2003）

3 うつ傾向の心理アセスメント

高齢者のうつ病スクリーニング検査として、わが国でもよく使用されているのが、高齢者用うつ尺度（Geriatric Depression Scale: GDS）であり（Brink et al.,1982）、三〇項目の質問からなりますが、本書では一五項目の短縮版を紹介します（表2参照）。GDS15では、六点以上がうつ傾向あり、一一点以上で明らかなうつ状態と判定されます（笠原ら、一九九五：参考：杉下&朝田、二〇〇九）。したがって、老々介護の状況で、認知症の人を支える家族も高齢者の場合、一五項目版で六点以上の場合は、うつ状態が黄信号から赤信号ととらえて、専門家に相談されたほうが望ましいでしょう。

4 介護負担感の内容や家族心理の段階の心理アセスメント

在宅介護の負担感に及ぼす影響としては、介護者の属性があります。例えば、夫婦の介護では孤立しやすいですし、実の親の介護では、やって当たり前と思われ、周りからの援助が得にくくなったり、男性介護の場合は家事との両立が困難となったりもしやすいです。したがって、介護者のこのような属性を把握したり、その他、経済的負

表 2）高齢者用うつ尺度短縮版（GDS15）

1	自分の生活に満足していますか	はい	**いいえ**
2	これまでやってきたことや興味があったことの多くを最近やめてしまいましたか	**はい**	いいえ
3	自分の人生はむなしいものと感じますか	**はい**	いいえ
4	退屈と感じることが、よくありますか	**はい**	いいえ
5	普段は、気分のよいほうですか	はい	**いいえ**
6	自分になにか悪いことが起こるかもしれない、という不安がありますか	**はい**	いいえ
7	あなたはいつも幸せと感じていますか	はい	**いいえ**
8	自分が無力と感じることがよくありますか	**はい**	いいえ
9	外に出て新しい物事をするより、家の中にいるほうが好きですか	**はい**	いいえ
10	ほかの人に比べて記憶力が落ちたと感じますか	**はい**	いいえ
11	いま生きていることは、素晴らしいことと思いますか	はい	**いいえ**
12	自分の現在の状態は、まったく価値のないものと感じますか	**はい**	いいえ
13	自分は、活力が満ちあふれていると感じますか	はい	**いいえ**
14	いまの自分の状況は、希望のないものと感じますか	**はい**	いいえ
15	ほかの人はあなたより、恵まれた生活をしていると思いますか	**はい**	いいえ
判定	11点以上：明らかなうつ状態 6点以上：うつ傾向あり	合計点	点

太字の回答を、うつ症状として加算する。　（出典：笠原ら、1995．参考：杉下・朝田、2009）

担感や社会活動の制限の程度を把握したり、介護者自身の健康への不安感、継続への不安感、孤独感など精神的負担感に関する話をナラティブ（物語性）として傾聴し、具体的な内容を把握することも大切と考えられます。

また、一般的な障害後の心理的回復過程として、①ショック、②回復への期待、③悲嘆、④防衛、⑤適応というステージ理論が提唱されており（Cohn,1961）、認知症の人を抱える家族心理としても同様の段階を経ることも考えられるので、介護者がどのような心理的な段階にあるのかを把握することも大切となります。

5 認知症の人の家族カウンセリングの一般的留意点

以上のような心理アセスメントの結果を踏まえて活かし、専門職者が認知症の人の家族カウンセリングを行う際は、①家族カウンセリングの目標を設定する、②これまでの介護方法を否定的にとらえない、③認知症の人の残存機能に注目してもらう、④認知症の人のストレス除去を介護目標とする、⑤時には複数の介護者に対して家族療法的なアプローチを行う、⑥認知症の進行に伴って起こる行動も面接で取り上げる、⑦介護者自身の身体的・精神的健康を重視する、⑧介護の限界を共に考える、⑨在宅に限界がきたとき、介護者が自責的にならないようにサポートする、ことが大切になろうといえます。

おわりに

最後に、認知症の人を支える家族が隠れた患者として共倒れすることなく、認知症の人ご本人を支える家族もより生きやすい社会になることを祈念して稿を終えたいと思います。

［文献］

- 荒井由美子・田宮菜奈子・矢野栄二（二〇〇三）Zarit介護負担尺度日本語版の短縮版（J-ZBI_8）の作成：その信頼性と妥当性に関する検討．日本老年医学会雑誌，40, 497-503.
- Brink TL, Yesavage JA, Lum O, Heersema PH, et al. (1982) Screening tests for geriatric depression. Clin Gerontol, 1, 37-43.
- Cohn N (1961) Understanding the process of adjustment to disability. J Rehabil, 27, 16-18.
- 笠原洋勇・加藤博秀・柳川裕紀子（一九九五）老年精神医学領域で用いられる測度：うつ状態を評価するための測度（1）．老年精神医学雑誌，6, 757-766.
- 杉下守弘・朝田隆（二〇〇九）高齢者用うつ尺度短縮版：日本版(Geriatric Depression Scale-Short Version-Japanese, GDS-S-J)の作成について．認知神経科学，11, 87-90.
- Zarit SH, Reever KE, Bach-Peterson J (1980) Relatives of the impaired elderly: correlates of feelings of burden. Gerontologist, 20, 649-655.

Chap.2
認知症の行動と心理症状(BPSD)のアセスメント

八尾こころのホスピタル
花輪祐司

1 BPSDとその評価

認知症になると、もの忘れが激しくなったり、時間や場所の認識ができなくなったりします。これを中核症状といいますが、それに伴ってご本人の行動パターンや心理状態が変化することがあり、生活や介護をする上で大きな問題となります。

具体的には現実にはないことを訴えたり、介護の方法に抵抗したり、ささいなことにすぐ怒り出すなどして、介護する方を困らせます。これらをまとめて「認知症の行動・心理症状（Behavioral and Psychological Symptoms of Dementia)」、略してＢＰＳＤと呼んでいます。ＢＰＳＤの合併率はおおむね七九~八五%といわれています。

ＢＰＳＤは、介護する方の負担やストレスを増加させるので、病院への入院や施設入所などの直接的な原因となります。一方、ご本人の暮らす生活環境や周りの人たちとの関係によって症状が良くなったり、悪くなったりもします。つまり、BPSDは病気以外の要因によって引き起こされる部分があるということです。BPSDの対策には、薬での治療と同じくらい、生活環境を整えることや、本人との関わり方を考えることが大切であり、そのためにはBPSDがどのような時に、どのような形で出てくるのか、丁寧にアセスメント（評価）することが必要になります。

一般にBPSDの評価は、普段その方を介護されているご家族やケアスタッフが、ご本人の行動をよく観察して行います。その方法の一つとして、Neuropsychiatric Inventory(NPI)があります(Cummings et al.,1994, 博野ら、一九九七)。NPIにはいくつかのバージョンがありますが、なかでもアンケート式のNPI-Qを用いると、BPSDとそれに伴う介護の負担を簡易に評価することができます。NPI-Qは認知症でよく見られる一二項目のBPSD（妄想、幻覚、興奮、不安、多幸、うつ、無関心、脱抑制、易怒性、異常行動、夜間行動、食行動）について、それぞれの重症度（一〜三）、介護負担度（〇〜五）を、数値で評価します。NPIは近年では医療機関の入退院時や薬の投与前後など、BPSDの改善効果を測定する目的でも広く使われています。

なお、NPIおよびNPI-Qは㈱マイクロン社より日本語版が販売されています。

2 認知症疾患医療センターにおけるBPSD

当院は大阪府から認知症疾患医療センター（以下、センター）の指定を受けています。当センターでは、認知機能検査やMRIなど画像検査に加えて、NPI-Qを実施しています。NPI-Qはご本人の診察検査中に、できるだけ本人の状態をよく知るご家族、介護スタッフに記入してもらいます。記入された用紙は臨床心理士が回収、集計をして、他の検査結果とあわせて主治医や精神科ソーシャルワーカー（精神保健福祉士）らと共有します。

当センターを二〇一六年一月から三月まで受診された方のうち、NPI-Qを実施できた方は二八一名で、アルツハイマー病の方が約八割（七九％）を占めていました。

NPI-Qに基づいてBPSDの出現率を見てみると、「無関心」が五二・〇％と最も高いことがわかりました（図1）。また「無関心」は認知機能の程度に関係なく高いこともわかりました。

認知症のBPSDで「無関心」が高くなるのは、これまでの研究でも確認されています（博野、二〇〇四）。「無関心」は、以前行っていた趣味活動にまったく関心がな

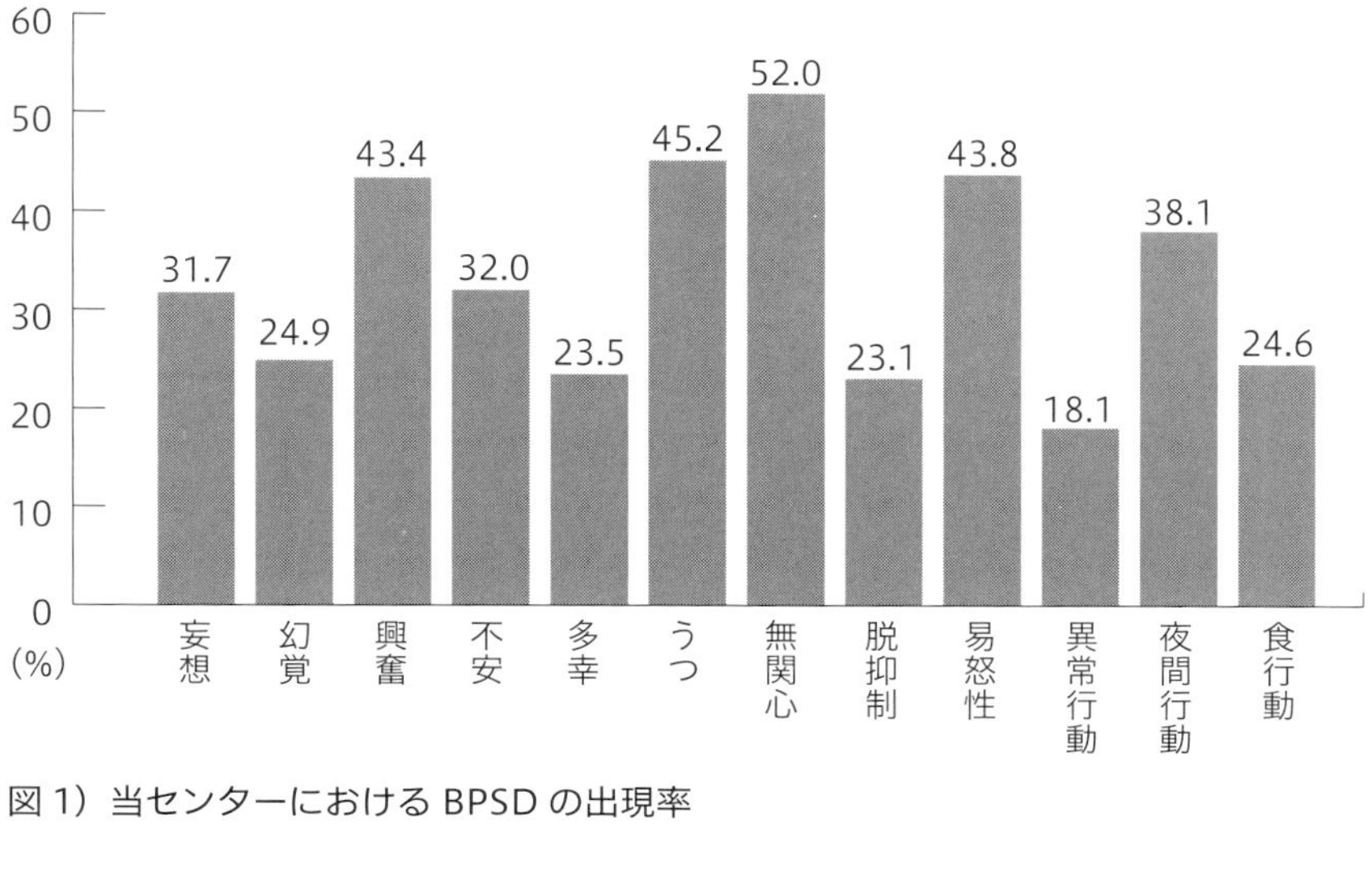

図1）当センターにおけるBPSDの出現率

くなったように振る舞ったり、喜びや感動の反応を示さなくなることを指します。センターを受診された六〇代の男性の娘さんは、NPI-Qをつけながら「前は元気だったのに、すっかりやる気をなくして…」とため息をつかれました。大切な家族がこのように変わっていく姿を目の当たりにされて、ご家族の落胆も大きいのだと思います。

BPSDがあまりに強い場合、当センターから併設の認知症治療病棟に入院することがあり、入院となった場合のNPI-Qを見てみると、「妄想」「幻覚」「興奮」の出現率が、そうではないケースと比べて際立って高くなっていました。また、入院となった方のNPI-Q負担度の平均スコアはそうでない方の約三倍も高いことがわかりました。

「妄想」「幻覚」「興奮」などのBPSDは対応が特に難しいBPSDと思われます。認知症の場合、「嫁がお金を盗っていった」「妻が隠れて浮気をしている」など、攻撃の対象を身近な家族の方に向けることが多く、ターゲットとなったご家族の負担は相当強いものとなります。しかし実際には、入院が必要となるような状況でも、介護される方はぎりぎりまで我慢して、負担を抱えているのです。認知症の存在に気づきながらもこのくらいなら、と我慢していたり、長年夫婦でやってきていまさら診断されても、と割り切っているケースもありました。しかし確実に介護の負担は積み上がっていきます。

介護のしんどさを我慢しすぎず、早めに医療機関に受診・相談することが大切ですが、そうしたくてもできないご家族がいることも、私たちは覚えておかなくてはなりません。

3 認知症のご家族へのサポート

センターでNPI-Qを回収する時、私たちはご家族と短いお話をすることがあります。不安な気持ち、介護のしんどさなど、ご家族のお気持ちは実にさまざまで、私たちは十分な配慮をする必要があります（表1）。

実際に介護をされているご家族の場合は、なにより介護の苦労をねぎらうことが大切です。ご自分でされている介護の工夫をお聞きしたり、BPSDの評価を一緒に行って、ご家族が認知症という病気を理解することを助けることもあります。

半年前からもの忘れが出はじめたある八〇代の男性は、奥さんに対して急に怒り出すことが増えました。センターの待合で、男性の奥さんは、抜け落ちの多いNPI-Qを私に渡しました。私はBPSDの説明を簡単に加えながら、彼女にどれくらい負担があるのかを尋ねました。「易怒性」の項目になると、彼女はあれが大変だった、これが大変だったと、たくさんの苦労話を聞かせてくれました。私たちは彼女の負担がいかに強かったかを確かめることができました。そして私は「とても大変でしたね」と伝えました。すると彼女はほっとした表情を浮かべ、「以前に比べたらだいぶマシです。最初は真面目に対応していましたが、それでは余計に怒り出すことがわかりました。今では下ネタを言ったりして、不真面目にやるようにしています。そうすると、あの人がすごく穏やかになるんです」と自らの工夫を振り返りました。

表1）ご家族とお話するときの配慮

- 不安な気持ちに寄り添う
- 介護の労をねぎらう
- BPSDに伴う負担を一緒に振り返る
- ケアの工夫を聞き出す
- ソーシャルサポートを確認する
- 認知症という病気の理解を助ける

4 ＢＰＳＤの評価で大切なこと

ＢＰＳＤの評価で大切なことは、認知症の方の行動の「背景」を、私たちが理解するということだと思います。ＢＰＳＤが起こっている理由を「認知症だから」「病気だから」と一方的に決めつけず、「体の調子が悪いのかな」「家族とろくに会えず寂しいのかな」など、広い視点で検証していくことが大切です。

もう一つ大切なことは、ＢＰＳＤの評価は、介護をされているご家族をサポートする上でも役に立つ、という点です。普段の介護で大変な思いをしているご家族は、どうしてもご本人のできていないところにばかり目がいきがちになります。大切なご家族だからこそ、「今までできていたのに、どうしてやってくれないの」という思いが募るのでしょう。しかし、この状態で介護を続けていくと、次第に視野が狭くなり、自分でも気がつかないうちに心も体も介護に縛られて動けないようになってしまいます。

「興奮」や「易怒性」のＮＰＩ-Ｑ得点が高かった、ある七〇代の男性の奥さんは「これほどやっているのに。あの人が何に怒っているのかわからない…」と疲れ切っていました。ご本人もつらいですが、ご家族も同じように苦しんでいるのです。自分自身を責めたり、いっそ楽になりたい思いから衝動的な行動に出てしまうご家族もいるかもしれません。

ＢＰＳＤの評価は、一言で言えば視野を広げることです。評価を通じて、問題点ばかりではなく、ご本人のまだできているところ、それまでの人生で培った経験や強みに気づくことがあります。先ほどの奥さんは、私とＮＰＩ-Ｑ項目を確認していく作業の中で、暴れていない、穏やかな時間もちゃんとあることに気づきます。「あの人は今でも私より漢字を知っているんですよ」と、ご主人の強みについて話されました。そして「私には友達が多いから愚痴を言う仲間がいます。主人は昔から、私が女友達のところに出かけていくことには、絶対に口を出さない人だったんです」と笑い、自分のサポートの存在を確認されていました。

視野が広がり、さまざまな面に目がいくようになると、ご本人が認知症になる前の思い出や、一緒に趣味を楽しんでいた頃の笑顔など、介護するご家族にとっての、よりポジティブな感情を思い出されることがあります。それは、これまでとはまた少し違った、温かい情緒的な絆を紡ぎ直すきっかけになるかもしれません。

［文献］

- Cummings JL, Mega M, Gray K, Rosenberg-Thompson S, et al.(1994)The Neuropsychiatric Inventory: comprehensive assessment of psychopathology in dementia. Neurology, 44, 2308-2314.
- 博野信次（二〇〇四）痴呆の行動学的心理学的症候（ＢＰＳＤ）を評価することの重要性．老年精神医学雑誌、15巻増刊号、67-72.
- 博野信次・森悦朗・池尻義隆・今村徹ら（一九九七）日本語版Neuropsychiatric Inventory：痴呆の精神症状評価法の有用性の検討．脳と神経、49, 266-271.
- 日本神経学会（二〇一〇）認知症疾患治療ガイドライン．

Chap.3

高齢者の運転免許について

名古屋大学未来社会創造機構
河野直子

はじめに

現在、日本では八千二百万を超える人が運転免許を保有しており（運転免許統計平成二七年版）、交通至便な所に居住していない限り自動車の運転なしで生活することはなかなか難しい状況です。そのため全免許人口の約二〇％を占める六五歳以上の運転者、特に認知機能について不安を覚えはじめた運転者にとって、運転免許をいつまで維持するかや、どうやって運転しない生活に切り替えるかは、日常生活をマネジメントしていく上で鍵になる問題の一つです。認知症の高齢者を支えることになった家族にとっても、安全な運転が続けられるかどうかは症状がごく軽いうちから気にかかる問題でしょう。本章では、認知症の運転者をめぐる法的状況や研究知見、軽度認知障害の段階で相談することの意義、高齢運転者の観察ポイント、運転中止の際に参考になる資料などを紹介します。

1 自動車の運転と認知症

自動車の安全な運転は視覚、運動、認知といった多様な機能を総動員してはじめて可能になる、大変に複雑な行為です。そのため加齢に伴って、とりわけ認知症レベルの認知機能低下が生じると、安全な走行が続けられるのか、家族や支える人々に不安が生じます。日本では道路交通法において、アルツハイマー病や脳血管疾患など何らかの原因による認知症であると判明した場合、公安委員会によって運転免許の取り消しないし免許の効力停止ができると定められています。認知症の方が運転を続けることは法律的にみると、望ましくないことといえます。さらに関連して、現在、七〇歳以上の高齢運転者については運転免許証の更新時に高齢者講習が義務づけられており、特に七五歳以上については講習予備検査（認知機能検査）の受検が必要となっています。また二〇一五年に道路交通法が改められ、二〇一七年三月一二日から高齢者講習の内容が改められるとともに、七五歳以上の運転者については認知機能に応じた講習内容（合理化講習と高度化講習）の受講が義務づけられました。なかでも、「認知症のおそれがある」と判定された方は、臨時適性検査によって専門医の診断を受けるか、かかりつけの医師の診察を受けた上、認知症であるか否かに関する診断書を提出しなければなりません。臨時適性検査を受けない場合や診断書の提出をしない場合、認知症と診断された場合には、高齢者講習を受けることなく運転免許の取り消しないし停止処分となります。かつ、新たに七五歳以上の運転者には免許更新時だけでなく、特定の違法行為があった場合に「臨時の認知機能検査」が義務づけられることになりました。逆走や歩道の通行、信号無視などが特定の違法行為には含まれます。

このように認知症のリスクが認識されるようになった背景には、認知症であると安全な運転の継続がだんだんと、しかし確実に難しくなり、事故に遭うリスクが高まることを示した証左があります（総説として：Man-Son-Hing, et al., 2007: J Am Geriatr Soc）。例えば、一三〇名のアルツハイマー病の人と一一二名の同年齢の非認知症統制群について、過去一〇年間の事故歴を比較した研究では（Drachman, & Swearer, 1993: Neurology）、年間事故率（人・年）はアルツハイマー病の人で統制群の二倍ほどでした。また認知症の発症後、三年を超えて運転を継続していると特に危険であると指摘しています。多くの研究で中等度以上の認知症では運転の危険性が高いことが示されており（概説として：Inverson et al., 2010: Neurology）、また日本では法律でも定められていることから、認知症と診断されたら速やかに運転中止を目指すことになります。一方で、症状の進行を前提とした準備をごく早い段階からはじめることができれば、より時間をかけた円滑な移行が可能となります。

2 軽度認知障害

危険運転のリスクがあるかどうか判断が難しいのは、軽度認知障害と呼ばれるような認知症ではないけれども認知症の原因疾患が進行していく疑いがある段階です。例えば八四名の最軽度〜軽度のアルツハイマー病の人と四四名の健常高齢者を六カ月ごとに路上試験によって追跡評価した研究では（Ott, et al., 2008: Neurology）、軽度認知障害の段階にあるアルツハイマー病の人に対象を絞って解析した場合、八割以上の人が研究開始の時点で路上試験を通過しています。その後、運転能力はどの群でも時間とともに低下しましたが、軽度認知障害の段階では平均一・七年間安全運転を継続し、三年後まで安全運転を継続できた人もいたことが示されています。軽度認知障害については、運転リスクに関する研究知見がいまだ十分に得られていないことや、障害の原因として想定される疾患や問題が多岐にわたり必ずしも認知機能低下が進行しない可能性が残ることから、診断名のみで全員を一律に運転中止ないし中断の対象とみなすことには無理があります（河野・尾崎、二〇一七）。また、運転中止によって対象者の社会的自立や人生への満足感に急激な変化が生じることを防ぐことは大切で、運転を中止するという出来事が高齢者の心身にとって負の衝撃となり得ることに十分な配慮が必要です。既存の研究知見を特定の問題意識に基づいて集め、統合的に評価するシステマティックレビューという方法を用い、運転中止が高齢運転者の心身の健康に与える影響を検討した報告では（Chihuri, et al., 2016: J Am Geriatr Soc）、運転中止者は現役の運転者に比べ一・九倍の抑うつリスクがあると見積もられ、また認知機能低下や長期的な介護状態への移行、死亡リスクの上昇と関連する可能性があると報告されています。さらに、認知機能低下について不安を感じている高齢運転者が、運転中止の勧告を受けるからという理由で相談を差し控えてしまうようになると基礎疾患の早期発見・治療を難しくし、逆に問題です。運転の中止勧告は、診断結果や専門家の見立てを参考にしながら、必要な運転者に対してあくまで慎重に行われていくことが大切です。

認知症が疑われる段階では、まず専門医療機関を受診し、原因疾患の特定、認知機能障害の範囲や重症度の把握を行うことが第一です。そして医師に運転を続けていることを伝えて、疑われる原因疾患を視野に入れた長期的な見通しについて説明を受けることが勧められます。軽度認知障害の段階でも視覚的な注意や視空間認知といった運転の危険に直結する認知側面に著しい障害が認められる場合は、速やかな運転中止が望まれます。また認知機能低下はごく軽くても視覚、聴覚、運動機能、睡眠や服薬による（副）作用といったその他の運転に影響する要素について多重のリスクがある場合や、すでに気になる運転中の失敗や交通違反がある場合には、臨時適性検査のような運転能力に焦点化した直接的な評価機会を設けることも選択肢になります。

次に診断を踏まえて、なるべく早く本人や家族、支える人が集まり、運転中止の具体的な時期や条件を相談したり運転をやめたあとの生活設計について話し合ったりすることができると良いでしょう。認知症の症状が進行する前であれば、運転中止の必要を理解し、運転が難しくなる将来を見通して共に考えることができます。また新たな交通手段の利用習慣を身につけることや、運転しない生活のために買い物や家事の援助を受けるような生活環境の調整も、本人の希望を取り入れながらできるかもしれません。このような話し合いの際、手に取っていただきたい読み物が、国立長寿医療研究センター長寿政策科学研究部の荒井由美子氏を中心とした研究グループが提供している「認知症高齢者の自動車運転を考える　家族介護者のための支援マニュアル©」です。二〇一六年八月現在、第二版がウェブにて公開されています。本人にとっての運転の目的や運転することの意味を聞くことが運転中止後の生活をマネジメントするために大切であること、認知症の家族の速やかな運転中止がどうしてもかなわない場合に取るべき対策などが、わかりやすくまとめられています。

表1）家族／介護者向け運転状況の確認項目例

過去3年間に、対象患者さんは何回、交通違反のために止められたり、違反切符を切られたりしましたか？	0回	1回	2回	3回	4回以上
過去3年間に、対象患者さんは何回、事故に遭うか、または引き起こすかしましたか？	0回	1回	2回	3回	4回以上
過去3年間に、対象患者さんは何回、自らの過失により事故に遭いましたか？	0回	1回	2回	3回	4回以上

●以下の質問に答えるためにこの（右の）スケールを使うこと	全くそう思わない	そう思わない	どちらとも言えない	そう思う	非常にそう思う
1　私は、対象患者さんの安全に運転する能力について懸念を抱いています	1	2	3	4	5
2　他の人が、対象患者さんの安全に運転する能力について懸念を抱いています	1	2	3	4	5
3　対象患者さんは、自分が行う運転の量（距離や頻度）を制限しています	1	2	3	4	5
4　対象患者さんは、夜間の運転を避けます	1	2	3	4	5
5　対象患者さんは、雨天時の運転を避けます	1	2	3	4	5
6　対象患者さんは、交通量が多い場面での運転を避けます	1	2	3	4	5
7　もし自分は捕まえられないだろうと考えたならば、対象患者さんは速度制限より速く運転するでしょう	1	2	3	4	5
8　もし自分は捕まえられないだろうと考えたならば、対象患者さんは赤信号を無視するでしょう	1	2	3	4	5
9　対象患者さんは、（飲むべきではない規定量以上の）飲酒後、運転するでしょう	1	2	3	4	5
10　もし他のドライバーに対して怒りを覚えたならば、対象患者さんは相手に対しクラクションを鳴らしたり、身振りを示したり、接近運転したりするでしょう	1	2	3	4	5
対象患者さんは、週あたり何キロ（※原文はマイル）運転しますか？	km／週				

AAN米国神経学会ガイドライン（Inverson et al., 2010: Neurology）に掲載された質問項目を著者対訳

3 家族による観察のポイント

日常生活の中で、高齢運転者の変化を観察するポイントを最後にご紹介します。表1に、医師等が家族や介護者へ運転状況の確認のために質問したい項目をまとめています。こうした事柄は診察時に尋ねられることがあり得ますから、事前に記録を見返したり観察を心がけたりしておくと良いといえます。また先に挙げた荒井氏らのマニュアルでは、加齢によって増える失敗とは異なり、認知症が原因でさらに増える運転行動として「(一) センターラインを超える」、「(二) 路側帯に乗り上げる」、「(三) 車庫入れ(指定枠内の駐車)に失敗する」、「(四) ふだん通らない道に出ると、急に迷ってしまったり、パニック状態になったりする」、「(五) 車間距離が短くなる」という五項目を挙げて日頃からの観察を推奨しています。

これまでの研究によって、事故歴や交通違反歴、認知症の重症度が中等度以上であることに加えて、家族や介護者による「ぎりぎりの(最低限の)」、「危険な」といった運転能力の評価は危険運転のリスクを反映すると示されてきています(総説として:Iverson, et al., 2010: Neurology)。家族の同乗時の感想を相談の際に伝えることには意味があります。なお、逆に認知症の患者本人による「(自分は)安全」との評価は実際のリスクを反映しておらず、参考になりにくいことも知られています。

おわりに

記録には残らないようなミスが自動車運転中に重なったり、得意だった地誌的把握が難しくなったりする変化に気づくことをきっかけにして、認知症の原因疾患やその他の身体疾患の存在が明らかになる場合もあります。ご家族にご高齢の運転者がおられる方は、どのような地域やルートを好んで運転されているのか、目的地はどこか、避けている運転状況はあるか、走行距離の急激な減少や運転技能の変化はないか、厳しく評価しようというのではなく家族をよりよく知る気持ちで、定期的に同乗されてみてはいかがでしょうか。

[文献]

●平成二十七年度厚生労働科学研究費補助金（厚生労働科学特別研究事業）『認知症高齢者の自動車運転を考える家族介護者のための支援マニュアル©』を用いた家族への情報提供に関する研究」（H27—特別—指定—022）研究班・認知症高齢者の自動車運転を考える家族介護者のための支援マニュアル［第二版］© http://www.ncgg.go.jp/department/dgp/index-dgp-j.htm

●河野直子・尾崎紀夫（二〇一七）特集企画「自動車運転を考える」：運転可否判断に関わる高齢者の諸特性1．軽度認知障害（MCI), Modern Physician, 37(2), 175-177

Chap.4

医療同意能力評価について

京都府立医科大学大学院
医学研究科精神機能病態学
加藤佑佳

1 医療同意能力を評価することの意義

臨床現場では、認知症などの診断がついている場合、本人には説明せずに家族に決定を委ねることが多いというのをしばしば耳にします。しかし、代わりに同意をしてくれる身寄りがいない場合や、患者の家族間に葛藤があり家族からの同意が得られない場合、必要な治療を受けられない事例が報告されています。

医療行為とは患者の身体への侵襲を伴うことから、本来違法性を伴う行為と法的にはみなされています。この違法性が阻却されるためには、治療内容について本人が説明を十分理解した上で同意するというインフォームド・コンセントの過程が必要です。また、この同意は一身専属的な行為、すなわち他者がとって代わることのできない行為であることから、本人の意思をくみ取ることが必要であり、それができない場合には本人の意思を最も推定できる関係者から情報を得て推定を行う必要があります。したがって、認知症や精神疾患という病名から安易に同意能力がないと判断され、本人の意思が尊重されなかったり、同意能力が低下しているにもかかわらず患者の同意に基づいて治療が開始されたりすることがあってはなりません。このような背景から、客観的な医療同意能力評価の必要性が高まっています。

2 医療同意能力の評価方法

では、実際に医療同意能力は

表1）医療同意能力の評価基準と質問例

医療同意能力の要素	評価基準	評価のための質問例
理解	告知された医学的状態と治療、治療に伴う利点や危険性に関する情報を理解しているか確認するため、本人の言葉で説明するよう促す。	「○○先生があなたに説明したこと（疾患名、推奨される治療の説明、治療に伴う利益と危険性、治療を受けない場合の利益と危険性）からどういう病気であるか、あなたの言葉で説明してください」
認識	説明を受けた疾患や医療行為を自分のこととして認識しているか確認するため、医学的状態や提案された治療が自分のためになるか意見を述べるよう求める。	「これがあなたの病気の主な特徴ですが、そのことについて何か疑問に思うことはありませんか」 「この治療を受けることがあなたのためになると思いますか」 「どうしてそう思うのか教えてください」
論理的思考	治療の選択肢と結果を比較し、選択した理由について述べるよう求める。患者は「不合理な」選択をする権利があるため、選択結果ではなく、プロセスに焦点を当てる。	「今まで説明した中で1つ目はAという治療、2つ目はBという治療です。このうちどれを希望しますか」 「（選択した治療）が良いと思うのはどうしてか教えてください」 「（選択した治療）の起こりうる利点と危険性について話してきました。では、この治療があなたの日常生活にどのような影響を及ぼすと思いますか」
選択の表明	本人に治療の選択を示すよう求める。	「先ほど（選択した治療）を選ばれていました。一通りのことが話に出ましたが、今はどのように思いますか」

グリッソ＆アッペルボーム（1998）より一部改変

どのように評価するのでしょう。そもそも、医療同意能力は単一の能力ではなく、理解、認識、論理的思考、選択の表明の四つの要素から成ると考えられています（グリッソ&アッペルボーム、一九九八）。表1にそれぞれの構成要素と評価基準、具体的な質問例を掲載しました。

医療同意能力が保たれているためには、この四つの能力が必要であり、一つでも能力が欠けると同意能力が保たれているとはいえないことになります。ただし、医療同意能力は医療行為の複雑さ（開示される情報の複雑さ）によって必要とされる同意能力の程度も異なり、一概にあり、なしで決められるものではありません。例えば、副作用が少なく安全性の高いインフルエンザの予防注射であれば、低い水準の同意能力であっても同意能力ありとみなせますが、生命予後に著しい影響を与える手術など治療の侵襲性が高い場合は、高水準の同意能力が必要とされるでしょう。本人が直面している治療の侵襲性や結果の重大性と照らし合わせながら、求められる医療同意能力の水準を決定する難しさがあります。

その際、MacArthur Competence Assessment Tool-Treatment（MacCAT-T）は客観的な評価ツールとして有用です（グリッソ&アッペルボーム、一九九八）。これは、医療同意能力の四つの構成要素を評価することのできる半構造化面接法です。所要時間は約二〇分で、ご本人が直面している疾患や治療の内容、治療の選択肢など、本人の医療同意能力を評価することができます。詳細は紙面の都合上割愛しますが、筆者らが用いた認知症薬に関するMacCAT-Tの記録用紙や評価基準は一般に公開されています（成本、二〇一六）。次の、URLからもダウンロード可能です。

●MacCAT-T（抗認知症薬）記録用紙：http://researchmap.jp/muysmhs6g-56600/#_56600
●MacCAT-T（抗認知症薬）評価基準：http://researchmap.jp/munvo5fda-56600/#_56600

3 医療同意能力評価のエッセンスを日々の臨床現場に活かす

MacCAT-Tのような客観的かつ公平なツールを用いて同意能力の評価を行うことが重要なのは先に述べたとおりです。しかし、多忙な臨床現場では評価する時間やマンパワーが限られることもあります。この場合、医療同意能力の要素を意識して、表1に示される質問を会話の中に取り入れるだけでも、本人の意思や理解力を確認する手段となり得ます。ことに医療同意能力は時間や状況にも左右されやすく、高齢者の場合はせん妄によって一過性に同意能力が低下する可能性もあるため、日常臨床の中でコミュニケーションを繰り返し図り、本人の意思を確認しておくことが望ましいと考えられます。医師、看護師、その他のコメディカルスタッフがそれぞれの職種の立場で本人の意思を確認する手法が意識されるようになれば、多方面からの情報を共有することができ、より客観性が高まります。

また、医療現場で最も難渋するのが、本人が治療を拒否する場合です。その場合、重要なのは本人が病気の説明、治療の効果や副作用などを理解した上で治療拒否の選択をしているかどうかです。特にアルツハイマー病の人では、自分の意思を述べる「選択の表明」ではほとんど低下を認めないにもかかわらず、その他の要素が低下している傾向があります（キム、二〇一〇）。したがって、本人が拒否している場合であれ同意している場合であれ、意思を表明しているだけでは不十分であり、医療同意能力の他の要素についても十分に検討することが欠かせません。高齢者の尊厳ある生活は自律と福祉のバランスから成り立っており、同意能力評価を行う立場としては常にこのバランスを考える必要があります。もし本人の同意能力が不十分であるが故に拒否しているのであれば、福祉の面に重きを置き、本人を保護するという視点から、家族などと相談して本人の意思に反してでも必要な治療を行うことを検討する必要があります。一方、医療同意能力が保たれている上で拒否しているのであれば、本人の意思として尊重することが優先されるべきと考えます。

4 家族支援の視点と医療同意能力評価が抱える今後の課題

医療同意能力評価の目指すところは、たとえ認知症という病名がついていたとしても、適切に本人の能力をとらえ、本人の意思を引き出すことによって本人の希望に沿った医療を提供することです。同時に、認知症の本人を支える家族も、共に悩み、迷い、日々の決断を迫られている現状があります。そのような家族の支援を行うことも、認知症ケアに携わる上で欠かせない視点です。家族に説明を行う際には、治療がどのような経過をたどるかわかりやすく説明し、そのつど、家族の理解度も確認し、医療者側との認識のずれを埋めながらコミュニケーションを図ることが重要です。また、本人が在宅に戻ってからの生活をイメージしてもらえるよう、先の見通しや情報提供を行うことも欠かせません。認知症が進行しているなど本人から有効な回答を得られない場合、家族が決断を迫られる場面もあるでしょう。その際には、決定の責任が一人にかからないよう配慮します。本人の健康の回復、福祉の実現という共通目標のもとに協働的に関わることが大切です。最終的に、認知症の人を看取られた家族からすると、積極的治療を希望しても、しなくても、判断が正しかったのか、後々まで悩まれる家族も多いものです。家族だけでなく医療者を含めたチーム全員で選択したこと、間違いではなかったのだということを家族に伝えることが望まれます。医療の選択や意思決定における家族への支援を考える際には、『認知症の人の医療選択と意思決定支援：本人の希望をかなえる「医療同意」を考える』（成本〈編〉、二〇一六）が参考になります。また、普及啓発用のリーフレットである、「認知症の人と家族のための医療の受け方ガイド」、「医療従事者向け意思決定支援ガイド」、「在宅支援チームのための認知症の人の医療選択支援ガイド」は、成本（二〇一六）の書籍に掲載されているほか、次のサイトからもダウンロードできますので、ご活用ください。

●「認知症高齢者の医療選択をサポートするシステムの開発」プロジェクト：http://j-decs.org/result/

今後、医療同意能力評価および意思決定支援のニーズはますます高まってくることが予想され、医療機関や在宅支援チームでの垣根を超えた連携が欠かせないものとなります。本人、家族を取り巻くさまざまな多職種が、各職種の役割を意識して情報を共有し合い、本人の医療同意能力レベルに応じた対応を図ることで、本人、家族にとって最善の治療が提供できるようになることを願っています。

［文献］
●トマス・グリッソ、ポール・S・アッペルボーム（一九九八／二〇〇〇）治療に同意する能力を測定する：医療・看護・介護・福祉のためのガイドライン、日本評論社.
●スコット・YH・キム（二〇一〇／二〇一五）医療従事者のための同意能力評価の進め方・考え方、新興医学出版社.
●成本迅（編著）（二〇一六）認知症の人の医療選択と意思決定支援：本人の希望をかなえる「医療同意」を考える、クリエイツかもがわ.

Konnichiteki Ôyô Jissen.

Part. 2

認知症の人を支える家族支援としての今日的応用実践

Chap.1

家族支援としての応用実践のあり方

新潟リハビリテーション大学
医療学部
リハビリテーション学科
リハビリテーション心理学専攻
若松直樹

1 家族支援を考える本書の動機

日本心理臨床学会（秋季大会）における自主シンポジウムにおいて、我々は臨床心理士の立場から、認知症を有する人々の支援がどのようにあるべきか、約十年間検討してきました。そこでの認知症に対する臨床心理学的な支援の柱は三本でした。①心理アセスメント、②心理・社会的（非薬物）アプローチ、が第一、第二の柱です。私たちはこの二つの柱について、検討のまとめを四年前に上梓しました。これらはその結果や効果を数値によって示すことで、検討や評価を比較的しやすいという性質をもっています。こうした領域の研究は量的研究と呼べるでしょう。

そして、第三の柱。これが③家族支援、ということになります。本書はこの家族支援をテーマにして編成されていますが、このテーマは自主シンポジウム十年の歩みにおいて必ずしも研究・検討が容易ではない支援の柱でした。それはなぜなのか。そこにこそ家族支援を実践する専門家たちが常に意識しなければならない本書最大の意味があると考えています。

先に、①や②について量的という言葉を用いました。これは①や②の結果を考察する場合、検査やアンケートの得点（①の領域）や、リハビリテーションの前後の得点比較（②の領域）のように、結果を数値で表しやすいことを示しています。これに対して③は、家族が直接疾病を有しているわけではないことや、家族が抱える困難・苦労・心配といった、支援内容を客観的に評価することが難しいことに大きな特徴があります。仮にアンケートをするにしても、認知症の重症度をきちんとそろえなければ一概に比較できません。同時に、認知症を有する高齢者と介護する家族の関係性などの条件も無視できないでしょう。このように量的に評価しにくいテーマや、価値（観）のような、そもそも数値では表現しにくいテーマの検討を質的研究と呼ぶことができるでしょう。

実は質的な研究こそ、疾病や障害を抱える人々とそれを支える人々の生活を考える上で重要だと思うのですが、客観性という性質が量的研究に比べて弱くなりがちです。そのため、二つ以上の関係性を比較しづらい場合があります。家族支援も介入の一つである以上、どのように支援することが適切であるのか、方法論を比較検討しなければならないこともあります。いずれに偏ることもなく客観的な検討をするという点で、③には研究のしづらいところがあるのです。

そして、家族支援研究が容易でない別の理由は、家族支援にあたる専門スタッフが多職域にわたっていることもあるでしょう。認知症を有する高齢者自身にも多くの専門スタッフが関わっています。ただし、認知症を疾病としてみた場合、医師・看護師、介護福祉士・社会福祉士・介護支援相談員、理学療法士、作業療法士、心理士などはそれぞれの領域から一定の役割があり、さらに相互の専門性を重ね合わせてより良い支援を考えることになるでしょう。

それに対して家族支援という役割には、まず基本的に誰がどう支援するのかという、共有された理解が成熟していないともいえます。つまり、家族支援に関わるどの職種も、それぞれが自らの視座を中心に支援を考えやすいため、職種による微妙な違いを埋める機能が乏しい状態なのかもしれません。実は認知症を抱える当事者支援を含めてですが、特に家族支援の場合、家族の苦労や困難の実態をどのように感じ取るか、課題の何に重きを置くか、介入の方法をどうするか、これら一連の事柄についてさまざまな職種間には温度差があるような気がします。

本書を創ろうとする意図もそこに大きな理由があります。家族支援というテーマをめぐってそれぞれの専門領域内では事例や実践の研究など、さまざまな報告がなされていることでしょう。そこで本書では、専門性の枠を越えた土俵でそれぞれの職種が何を見つめ、何を大切にしているのか、それらを可能な限り明らかにしてみたいと考えています。言葉を選ばず単純に言えば、どの職種からのアプローチが最も家族支援の実態にふさわしいのかということですが、我田引水ばかりでも誰のためにもならないでしょう。お互いが自分の立場だけを守っても発展はないはずです。可能な限り自らの立場を客観視しながら、支援における他の職種との力点の違いを明らかにする。そんな大胆な試みが本書なのです。

臨床心理士の自主シンポジウムから生まれた企画ではありますが、本書は認知症ケアに関連するほぼすべての専門職種が筆を取っています。各筆者の実践は読者の新たな視野を広げるに違いありません。

2 家族自身が認知症を生きることになったときの対処(コーピング)としての家族支援

「認知症施策推進総合戦略(新オレンジプラン)」によれば、国内認知症高齢者数は、すでに二〇一二年時点で四六二万人と推計され、二〇二五年には約七〇〇万人となり、これは六五歳以上の高齢者約五人に一人に相当する人数であって、「認知症は誰もが関わる可能性のある身近な病気です」と紹介されています。

このことは本書にとって重要な背景の一つですが、私はこれをあえて「認知症は誰もが関わる可能性のある身近な人生の一つのかたちです」としたほうが良いと考えています。つまり、認知症が疾病であることを否定するものではありませんが、五人に一人が認知症を体験するという場合、疾病として回避することを考えるよりも、認知症としての暮らしを人生の一部として受け入れるほうが重要かもしれないということです。

もちろん、現在多くの家族が認知症を有する家族のケアについて悩んだり困ったりしています。どのようにケアすることで、家族も高齢者自身も穏やかに生活できるのか。これについて本書ではいくつかの視点を紹介しています。ですので、本章ではむしろケアの方法論というよりは、前述のとおり現在ケアにあたっている家族自身も認知症を有する確率が高いなか、認知症ケアの体験を自らが認知症として生活する場合の対処法(コーピング)とすることを考えてみたいと思います。

大変古いデータですが、一九九五年の東京都福祉局「高齢者の生活実態及び健康に関する調査・専門調査報告書」では、家族が認知症高齢者の変化に気づいたきっかけとして「同じことを何度も言ったり聞いたりする」、「物の名前が出なくなった」、「置き忘れやしまい忘れが目立つ」を挙げています（回答一二三例のうち頻度の高い順）。これは現在の調査でもおおむね同様です。あわせて古いデータですが、一九九一年の神奈川県医師会「老人性痴呆疾患対策システム化調査研究事業報告書」では、家族が高齢者を初診させる理由として、「もの忘れに加えて、夜騒ぐ・怒りっぽい・暴力・徘徊・不潔行為がみられるようになった（四二・七％）」、「もの忘れに加えて、物が盗まれる・家族がいじめる、誰か見知らぬ人が来ているという（三四・九％）」などを挙げています。

時代的背景もあるでしょうが、これらの調査の時代、家族は認知症を疑う高齢者を一日も早く受診させようとは行動していないことがうかがえます。それに対して最近では、私が概観した限り同様の調査は乏しく、むしろ、受診に至る期間の調査など、受診について積極的な様子やその必要性を訴える調査が多いようです（受診に至る期間が必ずしも短いとは考察されていません）。

また、インターネット検索において、「認知症・受診行動（動機）」といったキーワードで検索をすると、「受診に拒否的な家族をどうやって受診させたらよいか」といったテーマが多くを占めています。「認知症」という名称に改定されて約一二年、認知症を理解するための啓発活動や、認知症が家族の実生活へ与える影響が大きくなるにつれ、誰もが認知症を医療との関わりで考えるようになったことは間違いないでしょう。

ところで、古いデータを含め想像できるのは、家族は高齢者のもの忘れを中心にその変化に気づいていますが、実際に病院に連れて行くのはもの忘れのためではなく、現在でいう「認知症の行動・心理症状（BPSD：Behavioral and Psychological Symptoms of Dementia）」が大きな理由ということです。現在、早期の受診傾向が進んでいますが、BPSDを家庭内で十分ケアできるという事実はないと考えてよいでしょう。つまり、認知症のケアの大きなポイントはBPSDということがいえます。

認知症が疾病である以上、全員に共通の症状があります。けれども、BPSDは認知症の診断において必須の条件ではありません。つまり、BPSDは疾病から派生したものであり、個人差が大きく、症状の重い人もいればほとんど目立たない人もいるということです（実際には多くの家族が苦労しています）。BPSDは、記憶障害を典型とした複数の認知機能障害（中核症状）によって自らの置かれた状況を正しく把握できなくなった認知症高齢者の、不安感や焦燥感が原因となる行動上の不適応といえるでしょう。例えば、記憶障害は自覚が乏しい場合がほとんどですが、その自覚なく手近な品物がなくなること（置き忘れ）や同じことを何度も言うとして叱責をかったりする積み重ねは、認知症高齢者の強いストレス源となることは想像に難くないところです。ただし、人間関係における度重なる否定的言動という体験は全員に一様ではありません。同じ混乱のなかにあっても、それへ周囲の人間がどのように対応するかで、不安・焦燥感の程度には差が生じるでしょう。個人差があるというのはこのような環境差のことでもあるのでしょう。このことからみて、BPSDはⒶ中核症状のその時点での重症度、Ⓑその時点で認知症を有する人が置かれた環境の問題、に関連します。

Ⓐについては現在の医療では症状を完全に抑制できません。けれども、認知症の認知機能低下は短期間で生じ、固定化するものではありません。もの忘れの変調を自覚し、認知症の症状を啓発する患者さんもいることはご存じのとおりです。これを踏まえると、今後、現在は介護者である家族（あなた）が認知症

を抱えて生活することになったとき、自らの介護体験（被介護者の変化に気づくことや、それに対応してきたこと）は自らの認知症体験にプラスに作用することもあると考えています。

現在、認知症を抱えて生活する人々（家族）に比べて、今、介護をしながら認知症の理解を深めている人々（あなた）は、自らの体験を活かして認知症を受け入れて生活することを発展させることができるのではないかということです。認知症によるもの忘れを中心とした自らの変化に無理に抗わない態度。これを実行できることが肝要なはずです。認知症ケア・治療の専門家（本書の筆者陣を含む）と呼ばれる人々も同様に認知症として生活する確率は高いと考えるべきです。その時、疾病として中核症状は同じですが、派生するＢＰＳＤもまた非専門家と同様なのか、検討に値するはずです。

もちろんそのためには、Ⓑの条件が整わなければなりません。家族間の問題だけではなく、経済的問題や日中を過ごす居場所の問題など、社会福祉的体制も肝要です。とても簡単には準備しきれませんが、少なくとも、今介護をしている自分が認知症として生きるとき、自分もまた同じことをそのまま繰り返すのかどうか、その答えはまだわかっていません。私は異なってくると考えています。五人に一人が認知症となる時代には、諸制度を含めてケアの環境は変わってくるでしょう。安心して認知症として暮らせる制度が今よりも進めば、ＢＰＳＤの問題もまた現在とは異なってくるはずです。

ＢＰＳＤの問題が緩和されれば、認知症ケアの力点も変わってくるでしょう。もちろん医学の進歩には大いに期待しています。認知症の原因として半数を占めるとされるアルツハイマー病の根本的な治療方法も進むはずです。それでもまだ半分の原因が残ります。医学にできることは任せるとして、我々にできることとして認知症を生きる対処法を模索することも、家族支援の一つの目的だと考えています。

[文献]

- 公益社団法人認知症の人と家族の会（二〇一四）認知症の治療と診断に関するアンケート調査 調査報告書.
- 小海宏之・若松直樹（編）（二〇一二）高齢者こころのケアの実践 上巻：認知症ケアのための心理アセスメント、創元社.
- 小海宏之・若松直樹（編）（二〇一二）高齢者こころのケアの実践 下巻：認知症ケアのためのリハビリテーション、創元社.
- 厚生労働省（二〇一五）認知症施策推進総合戦略（新オレンジプラン）—認知症高齢者等にやさしい地域づくりに向けて—（概要）.

Chap.2

地域臨床における家族会の役割と専門職に求められる支援——フィールドワークからの考察

日本医科大学武蔵小杉病院認知症センター
川西智也

はじめに

わが国の認知症介護政策は、介護の担い手として家族に大きく依存していた時代から、社会全体で支える方向へと徐々に転換しつつあります。その過程で家族支援も重視されるようになり、厚労省の「新オレンジプラン」でも、家族の負担軽減のための方策が提言されています。

さて、こうした転換を迎える以前、家族支援サービスがきわめて脆弱な時代から家族が支えとしてきたのは、家族会です。その歴史は古く、「認知症の人と家族の会」は一九八〇年に結成され、現在では四七の支部があります。また、それ以外にも各地域で家族会が立ち上がり、活動を続けています。家族会は専門職による支援ではなく、家族同士の相互支援の場であるという点にその特徴があります。もちろん、家族のニーズに応じて専門職が関わる場合もあります。明確な線引きはできませんが、地域包括支援センター（以下、包括）や保健所などの専門職が講義・助言等で深く関わる場合は、介護者教室や介護家族教室と呼ばれます。

1 家族会でのフィールドワーク

会の活動の中心は、家族が月一回程度の頻度で定期的に集う交流会です。筆者は研究者として、複数の交流会でフィールドワークを続けてきました。参加人数は家族会の規模によって異なり、五名ほどの少人数の会から二〇名を超える会までさまざまです。現役の介護家族に加え、介護を終えた家族や、診断を受けたばかりで実質的にはまだ介護生活がはじまっていない家族も参加しています。ここでは参加者同士の交流の一端を紹介しつつ、家族会が担うはたらきについて考えます。

(1) 情緒的なつながり

会がはじまると、円卓状に着席した参加者たちが世話人の進行のもと、介護の近況を順に報告します。「夫が勝手に外に出て、行方がわからなくなる」「さっき食事したばかりなのに、食べていないと言う」「他人の自動車に乗りこんで居座ることがあった」など、介護生活で経験するトラブルや困りごとが数多く語られます。それに他の参加者が「わかります。大変ですよね」などとねぎらったり、同様の経験を紹介したりするなかで、共感の輪が広がっていきます。

話題は「世話の仕方について親戚から口を出される」「(ご本人が)大声を出すので近所にどう思われているか心配」「ケアマネジャーが忙しそうで相談しにくい」など、他の家族・親族や近隣、さらには専門職との間で起きる困りごとにも及びます。参加者は「ここでは何でも話せる」と、他言できない話ができる特別な場として会をとらえているようです。日常のなかで介護の苦労をこぼせず、孤立した状況で介護を続けている家族も多いなか、交流会は苦労を分かち合い、情緒的なつながりをもたらす場となっていると考えられます。

(2) 対応や工夫の助言

会ではトラブルへの対応や介護上の工夫についての助言も交わされます。先に挙げたような困りごとに対して、他の参加者は失敗も含めて自分の経験を話し、時に助言します。家族は普段からケアマネジャーや包括職員、医師など専門職から助言を受けることがあります。しかし、家族には教科書的な対応に聞こえ、また「叱らないように接する」など、ご本人と距離のある専門職だからこそ可能な対応に感じられることもあります。

家族会も含め自助グループでは一般に、専門職が提供する科学的・普遍的知識とは異なる、当事者の経験に根ざした「体験的知識」が交換されるという指摘があります(Borkman, 1976)。当事者の視点から経験に裏づけられた工夫や意見が交換されるのも、交流会の特徴でしょう。

(3) 介護規範のふりかえり

近年は、介護負担軽減のために介護保険サービスを利用することはかなり浸透しつつありますが、「娘だから親の世話をするべき」「施設入所は最後の手段」など、自らをいっそう介護に動機づける家族も少なくありません。荒井（二〇一三）は介護家族のなかにある、ご本人のニーズをくみ、懸命に世話をすることに価値を置く「献身的介護」という介護規範の存在を指摘しています。実際、会ではご本人に怒鳴ってしまったことや、ご本人の意向を脇に置いてショートステイの利用や特養入所を申し込んだことなどが、しばしば罪悪感とともに語られます。

それに対して他の参加者は、「家族だから怒鳴ることもある」「（ご本人が施設入所して）距離を置いたほうがいい関係を保てる」などと語りかけます。こうしたことばからは、家族自身の生活を尊重する、献身的介護とは対照的な規範が見いだされます。もちろん、会ではご本人のニーズを軽視することが推奨されているわけではありません。ご本人との生活で起きるトラブルの話題では、対応の工夫に加え、一見不可解と思われる行動の背景にある動機を探る話し合いがよく展開します。そこには、ご本人の意思を尊重するパーソン・センタード・ケアの理念を見いだすこともできます。

このように、会の語り合いの焦点は、ご本人の立場と家族の立場との間を自然と行き来しています。そのなかで、参加者に自身の介護規範をふりかえる機会を提供していると考えられます。

⑷ 認知症の人の変化との折り合い

さまざまなトラブルを呈するご本人について、「こんなことをする人じゃなかった」と、病前の姿からの変貌を語る参加者もいます。家族は、ご本人の姿かたちは変わらなくても内面は別人になったように感じ、「曖昧な喪失」と呼ばれる喪失体験に直面するとの指摘があります（Boss, 1999）。交流会では、死別後に生じる哀しみのように、喪失に対する典型的な悲嘆が語られることはそれほどありません。しかし、日々のトラブルの語りとともに吐露される戸惑いや怒り、期待、諦めなどの気持ちからは、病前からの変化にどうにか折り合いをつけようと奮闘する家族の姿がうかがえます。ご本人の変容と折り合い、家族としての絆を保ち続けるためにも、介護過程を通してこのような語りの場が必要と考えられます。

2 家族会をどう支えるか

現行の医療・福祉制度においても家族会は家族を支える重要な地域資源であり、家族が支援を受けるだけではなく支援する側にもなる点にその独自性があります。認知症ケアに関わる専門職は、こうした家族会をどのように支えるのが望ましいのでしょうか。

(1) 専門職が関わることの影響

専門性を活かし、疾患やケアの方法、社会制度などの知識を提供する疾患・心理教育は、専門職が得意とする支援の一つです。しかし、そのやり方次第では家族を支援の受け手に固定化してしまい、家族の支え合いの力に水を差してしまうこともあるでしょう。また、専門職が交流会に参加することで、普段であれば話題となる専門職に対する不満は抑圧され、語られなくなるかもしれません。専門職が家族会に関わる際には、それが会にもたらす影響を考慮しながら支援の仕方を考えていく必要があります。

(2) ファシリテーターの役割

ある時の会では、ご本人が比較的重度の家族が多く出席し、徐々に食が細くなるご本人に食べさせる工夫が話題の中心でした。そのなかで順が回ってきた参加者は、体の衰えよりもご本人が日にちなどを頻繁に尋ねることや、「出ていけ」と怒鳴ることに悩み、「皆さんみたいにやさしくできない」と自責的に語りました。参加者は介護家族という点では共通するものの、介護形態（在宅か施設か）、診断、重症度、症状、続柄、介護動機、困りごとなど、おのおの異なります。こうした違いを超えて、自他の経験を積極的に結びつけることでつながりが生まれていきますが、周囲からの孤立を感じる参加者もいます。経験の共有しやすさから、近年はレビー小体型認知症の介護者や男性介護者など、疾患や続柄を限った家族会も誕生しています。しかし、実際には息子介護者のように条件を絞った会でも経験や困りごとは多様で、他の参加者とのギャップを感じる家族もいるようです（松井、二〇一五）。先の場面では、続いて世話人が認知症の初期から中期は最も介護負担が大きいことに触れ、「私たちもあなたと同じ道をたどってきた」と語りかけ、他の参加者もそれにうなずいていました。

ここでは、孤立を感じた参加者と他の参加者とのつながりを修復する世話人の配慮がうかがえます。このように、会の自助機能が発揮されるには、参加者間の交流を促す、途切れそうな場面で介入するなど、グループの力動を読みつつ交流をファシリテートする役割が求められます。この点は、専門職が家族会を運営したり、立ち上げに携わったりする際に担いうる役割でしょう。

（3）家族会や世話人を下支えするネットワーク

筆者が関わった会は、家族介護経験者であること以外に参加に特別な条件はなく、さまざまな家族が出席していました。なかには、情緒的な混乱もあり話がまとまらなくなる参加者や、時間枠や他の参加者に注意が向かず長時間話し続ける参加者もいました。独自の介護観を語り続けて場の雰囲気が難しくなることもありました。ある家族会の世話人は、こうした参加者へのフォローが難しいと語っていました。また、会には話し合いがうまくかみ合わず、期待した情報が得られなかった参加者や、時間をかけた丁寧な情報提供が必要と思われる参加者もいました。終了後に声をかけて相談を受けたり、個別相談につなげたりなど、柔軟な対応を行う受け皿も求められますが、少数の世話人のみでは負担の大きさもうかがえます。

こうした点を考慮すると、専門職がケース検討会やコンサルテーションによって支えられているように、世話人も運営上の苦労や困難をふりかえり、支えられる場が必要と思われます。そこで、世話人同士の交流の機会を提供したり、必要なときに利用可能な地域資源との接点をつくったりなど、家族会を下支えするネットワークづくりも、専門職が担いうる役割と考えられます。

おわりに

参加者のなかには、家族会に一度つながりはしたものの、ご本人を家に残して外出することができず、交流会にめったに参加できない家族もいました。通所サービスの利用や、不在中にご本人を見守る他の家族・親族等がいることなど、いくつかの条件が整わないと交流会への定期的な参加は難しいのも現実です。そこで近年では、ご本人と家族が一緒に足を運べる認知症カフェが着目され、急速な広がりを見せています。カフェはご本人の交流の場であると同時に家族同士が出会う場でもあり、家族会と同様の機能も期待できます。しかし、頻度は月一回程度に限られ、行きたいときに足を運べる常設カフェの数は非常に限られています。ご本人と距離を置くことが難しい家族を地域のなかでどう支えるかは、家族支援の課題として依然残されています。

［文献］

- 荒井浩道（二〇一三）〈聴く〉場としてのセルフヘルプ・グループ：認知症家族会を事例として．伊藤智樹（編）ピア・サポートの社会学：ＡＬＳ、認知症介護、依存症、自死遺児、犯罪被害者の物語を聴く．晃洋書房、pp.33-68.
- Borkman T (1976) Experiential knowledge: a new concept for the analysis of self-help groups. Social Service Review, 50, 445-456.
- Boss P (1999) Ambiguous loss: Learning to live with unresolved grief. Cambridge: Harvard University Press.
- 松井由香（二〇一五）息子介護者が集うセルフヘルプ・グループ：同一化と差異化のはざまで．人間文化創成科学論叢、18, 147-155.

Chap.3

バイスティックの七原則を踏まえた家族支援のあり方

敬愛会介護支援センター
森上克彦

はじめに

少子高齢化など戦後の社会構造の変化により、高齢者介護を社会で支えることを目的の一つとして、二〇〇〇年に介護保険制度は施行されました。筆者は臨床心理士であるとともにケアマネジャーとしてケアマネジメント（ケアプラン作成・相談援助など）に関わっていますが、一抹の不安を抱き続けています。それは認知症高齢者へのこころの支援が置き去りにされてはいないか、介護者である家族の精神的支援はなおざりにされてはいないかと。私たちの行動の源である心理的側面をどのように見据えたらよいのかを、臨床心理士の立場を通して考えてみたいと思います。

さて、福祉関連専門職の教育課程では相談援助の基本技術として、「バイスティックの七原則」といわれる、「個別性の原則」「意図的な感情表出の原則」「統制された情緒関与の原則」「受容」「非審判的態度の原則」「自己決定の原則」「秘密保持の原則」について教育を受けます。ソーシャルワークの研究者であったイエズス会神父フェリックス・ポール・バイスティック（Felix Paul Biestek）が支援を通じて得た知識のことです。

その知識は、相談援助職のクライアント（問題を抱えた方）への支援のあり方を説いたものであり、ケースワーカー（ケアする側）にとっての指標であります。しかし、クライアントを支える家族をケースワーカーと読み替えるのならば、認知症患者を抱える家族にとっても有用なものであると思われます。つまりケースワーカーとしての立場から俯瞰《ふかん》して対応を試みると、今までとは異なった介護も可能となるのではないかと思われます。

そこで、認知症患者を抱える家族への支援を目的に、バイスティックの唱えた理論がどのように作用しているのか、ある事例を紹介し考えてみたいと思います。なお、事例については、事実を損なわないよう、個人が特定できないよう内容を変更しています。

1 事例

●経過その一

鈴木静子さん（仮名：当時八五歳）は長男克敏さん（仮名：当時五五歳）との二人暮らし。静子さんには二人のお子さんがおり、娘さんはすでに嫁いでおられます。克敏さんが中学生だった頃、夫を若くして亡くし、一人親家庭として内職をしながら二人を大学まで進学させました。

そんな静子さんが八〇歳になられて間もなくの頃、朝食の味噌汁の味付けがおかしくなり、買い物にも支障が出るほどになりました。買い物に出かけた際は自宅への帰路がわからず、「ここどこだかわからない？　どうやって帰ったらいいの？」と息子さんへ電話することもありました。克敏さんは仕事を早々に引き上げ現場へ向かうのですが、母親を見つけられず右往左往したり、警察のお世話になったりすることもありました。そして、地域包括支援センターへの相談をきっかけに、医療機関を受診することになり、「アルツハイマー病」と診断されました。

母親の今までの苦労を見続けてきた克敏さんは、早期退職し、母親の介護を在宅で行う選択をされ、介護保険の申請や介護サービスの利用を進める方針でした。克敏さんは「母親をデイサービスに通わせて、少しでも認知症が進まないようにしたい」ということでしたが、静子さんは「行きたくない」の一点張りなため、克敏さんが自宅介護を一人でする決断をされたのです。

●バイスティックのまなざし　その一

認知症を患った方は正しい判断を下せないのだから、デイサービス利用は家族の判断に委ねればよいという考えもあるでしょう。しかし、静子さんは「主婦として家庭を空ける訳にはいかない」「自宅で家族との暮らしを継続したい」、ひょっとすると「デイサービスへ行くほど私は衰えてはいない」と考えておられたのかもしれません。母親の言葉にできない思いを大切にし、静子さんの「自己決定」を尊重した克敏さん。

また早期退職の道を選んだ克敏さんの「自己決定」。周囲からは、「定年を前にもったいない」などの声も多数あったでしょう。家族が仕事を辞してまで親の介護を選択したものの、認知症の症状が思うように落ち着かないこともあります。認知症の人のケアは、犠牲と比例するほどの改善は生じないかもしれません。二四時間一緒に生活することは、楽しみもある反面苦しみも伴うものです。しかし、「自己決定」は後悔をも超える尊いものではないでしょうか。

●経過その二

その後、克敏さんは介護という厳しい道のりを歩むことになります。着替え、起居動作、入浴・洗身、食事、排せつなどの介護を数年間こなされました。その後、静子さんは八六歳の誕生日を目前にして自宅で息を引き取られたのです。葬儀を済まされた後に、筆者は克敏さんの壮絶な苦悩をお聞きすることになりました。

言葉に詰まりながら、「私と妹を苦労して育ててくれた母親が、あんなになってしまって…、つらかった。正直言ってねえ、叩いたことがあった。最初は尻だった。おもらしをし、おむつを交換している時に、『しっかりしてよ！』って。叩いてしまった後、悪いことをしたって思うのだけどねえ。生肉を食べようとしたこともあったので、止める時にも。あんなにしっかりとしていた母親が、あんなになってしまって、何か許せなかった。叩いたって元には戻らないのに。わかっているのに」と語り、「母親を叩いてしまった時にねえ、母親が『お父さん、許して、許して』って。私のことを父親と勘違いしているみたいで。私は何をやっているんだ」とも話してくれました。「もう死んでしまった母親にどうすることもできないけれど、毎朝仏壇に手を合わせると、涙が出てくる。申し訳なかったと」、「私は虐待っていうのをやっていたんですよねえ。犯罪者ですよねえ」など話されました。

高齢者虐待防止法が成立し、長男克敏さんの行為は身体的虐待とされる場合もあります。そうなる前に介護サービスを受け入れることも必要だったのかもしれません。しかし、時間を巻き戻す術《すべ》はありませんし、巻き戻せたとしても、後悔を受け止め、克敏さん家族が他者（介護サービス）を自宅に受け入れていたかは疑問です。

●バイスティックのまなざし　その二

認知症の人を介護してきた家族として、どのようにしたら克敏さんの苦しみは癒されるのでしょうか。時を待つのみしか解決の方策はないのでしょうか。筆者は臨床心理士の立場から、克敏さんの話を継続的にうかがっていますが、彼は過去を振り返り、自己や他者への否定的な感情をも見つめ直しておられます。感情表出に良し悪しを一方的に決めつけない「非審判的な態度」で接し、その思いを受け止める「受容」の態度こそが必要でしょう。それにより、自分の感情が罪悪感で覆い尽くされ混乱している状況から、少しずつ否定的感情が解放されていくのです。現在克敏さんは、静子さんに恥ずかしくない暮らしをと努めておられます。

2 まとめ

バイスティックはケースワークにおけるコミュニケーションの重要性を述べています。そこには感情と思考の伝達があるとしています。認知症の人は、思考の組み立てが曖昧になり、感情の表出が罹患前とは異なるものを示すこともあります。入浴介護に暴力で抵抗する、「お前、財布を盗っただろう」などと暴言とも思える行動・心理症状（ＢＰＳＤ）がみられることを踏まえ、言葉どおりの意味とは異なる理解をしなければならないことも多く経験します。それでも、たとえ疾患のなせる業《わざ》と理屈では考えても、家族としては憤懣《ふんまん》やるかたないものです。

静子さんの「お父さん許して、許して」という、すがるような思いは、「私を失敗者と扱わないで」「私を冷たくあしらわないで」との訴えかもしれません。認知症の人にとって、感情への対応が大きな支えになるのです。バイスティックが唱えた「意図的な感情表出」とは、自分を認めてほしいと願う思いを理解する手立てでもあるのです。

また家族として自らの感情にも向き合っていただきたいと思います。「この苦境から早く抜け出したい」「何回言ってもわかってくれない」「娘である私の名前も思い出せないなんて…」といった認知症の人に否定的な思いを抱くことは決して罪などではありません。専門職であれ同様です。否定的感情を自己覚知することで、次のステップが見えてくるのではないでしょうか。否定的感情は時に冷静な判断を失ってしまうこともあります。そのような時には、介護から距離を置いてみる。専門職の介護サービスを利用してみる。そのことで、再び心に余裕が生まれるのではないでしょうか。

最後に、認知症は四つの疾患（アルツハイマー病、脳血管性認知症、レビー小体型認知症、前頭側頭葉変性症）に分類されることが多く、その類型から症状への対応方法のヒントを得ることは可能でしょう。しかし個々の事例は千差万別であり、家族の歴史・形態・関係性・価値観・考えなど他と比較することは意味をなさないでしょう。これらに基づく「家族の介護力」も優劣をつけることはできません。その家族に適する認知症ケアを選択することこそ、「個別化」に通じるものでしょう。また認知症の人と介護者、それがたとえ夫婦といえども、親子の関係といえども、おのおのは一人の人間です。家族が責任感に縛られ、抱え込みすぎることで介護が重荷になり負担に感じてしまうこともあります。それぞれ自身の人生を大切にできるよう願っています。

そして認知症の人とより良い暮らしを過ごしてもらえるよう、本稿が参考になれば幸いです。

[文献]

- Biestek FP(1957) The Casework Relationship. Loyola University Press, Chicago.
- F・P・バイスティック（1957/1965）ケースワークの原則：よりよき援助を与えるために、誠信書房.
- F・P・バイスティック（1957/2006）ケースワークの原則：援助関係を形成する技法（新訳改訂版）、誠信書房.

認知症の人を支える家族支援
としての今日的応用実践 Part.2

Chap.4

介護老人保健施設における家族会と介護者カウンセリング

東京理科大学
学生よろず相談室
臨床心理士
山本真世

はじめに

認知症の人を支える家族の介護負担は、時にその家族の生活全体に影響を及ぼし、身体的にも精神的にも追いつめられる状況に陥りかねません。介護老人保健施設は、自立を支援し、家庭に復帰することを目指す施設として位置づけられています。入所時には看護や医学的管理下での介護や機能訓練が必要でも、在宅介護を目的として入所しているため、家族の心理的ケアは必要不可欠です。

筆者は、二〇一五年までの約七年間、介護老人保健施設の臨床心理士として勤務していました。施設では、心理教育、家族会、介護者カウンセリングの三本柱で、家族支援を実践していました。筆者の勤務経験に基づき、記述します。

介護老人保健施設における家族支援の実践

(1) 心理教育の実践

心理教育とは、病気の当事者や家族が、病気の症状、有効な治療法、適切な対応方法など疾病に関わる正しい知識を学び、よりその人に合った療養生活を送ることを目指す技法です。これを施設では介護者家族を対象に実践しています。心理教育の開催は、年に六回、一回につき四時間、対象者は認知症と診断されて間もない家族が中心です。また、診断を受けてしばらく経過していても、急激に症状が進行し要介護度が変化した場合なども、参加を提案することがあります。全体の運営責任は、臨床心理士が行います。参加者の人数は家族と職員の比率が二対一を意識し、合計で一五人前後を目途に参加者を募ります。プログラムの概要は、参加者の自己紹介からはじまり、精神科医（主治医）による認知症に関する講義を一時間半にわたり行います。昼食を挟んで午後は、午前中の講義で家族が理解しきれなかった点や、介護の困りごと、施設への要望などを発言できる場を提供します。

心理教育の意義は、(1)学ぶ、(2)聴く、(3)話す、という三軸に集約されると考えます。

(1)学ぶ：認知症の正しい医学知識を学ぶことで、認知症のご本人との接し方のコツを習得してもらいます。介護の初期段階で、書籍やインターネットをはじめとした自己学習を行うと、情報の取捨選択が難しく、不安をかき立てる可能性があります。したがって、医師をはじめ専門職者から情報を得ることは、家族にとって安心材料となることが期待できます。

(2)聴く：他の家族の介護体験を聴いて、「大変なのは私たちだけではないんだ」という安堵の気持ちをもってもらえると、孤独感の軽減につながります。また、実際の介護の知恵を取り入れることもできます。

(3)話す：確定診断を受けて間もない家族は、混乱・不安・絶望・恐れなどの感情に包まれています。そうしたネガティブな感情は、日常では吐き出すことへの罪悪感を抱えることも多いため、自らの経験や感情を話すことはカタルシス効果が期待できます。

こうした学ぶ、聴く、話す、という心理教育の意義を最大限活かすために、臨床心理士は家族が置かれた状況を事前に担当職員から聴取し、どんな気持ちで心理教育に参加しているか想像することが大切です。時に介護をはじめたばかりの家族と、介護期間の長い家族が同じ場で発言することになるため、家族同士が、それぞれ抱える不安の軽減や介護の工夫を自然とねぎらい合えるような進行を心がけます。

《2》家族会のプログラム実践

①家族会のプログラム概要

施設では、心理教育の参加者を家族会にお誘いするという流れをつくっていました。家族会は年に八回、一回につき二時間です。当日までに認知症のご本人や家族の情報をまとめておく参加者リストを臨床心理士が作成し、参加職員に配布します。家族会の目的は介護ストレスの軽減ですが、日頃の介護における悩みごとや疑問などを語り合うことから生まれる気づきや、一人ではないという安心感を共有してもらうことで、明日の介護に少しでも役立つことを目指します。どなたでも参加できる「全体会」の他、「妻」「夫」

「娘・息子」「嫁」など続柄別の回や、「身体介護」「栄養」に特化した回など、アンケート結果から家族のニーズを発掘し、年間でテーマを設定しています。

②家族の心理的苦悩

家族会の場では、多岐にわたる内容が語られます。家族会の実績をまとめた資料から読み取れる、家族の思いについて続柄別に示します。ご本人の主病名は、そのほとんどが認知症で、アルツハイマー病が最も多く、次いで前頭側頭葉変性症、脳血管性認知症、混合型、レビー小体型認知症となっています。

〈妻〉
・子どもが巣立ってこれから二人で第二の人生を歩もうと思っていたのに…。
・自分より体重の重い夫の身体介護をいつまで続けられるのか不安…。
〈夫〉
・慣れない家事がうまくいかない…。
・イライラしてつい手をあげそうになってしまう自分が情けない…。
〈娘・息子〉
・兄弟姉妹が手伝ってくれない…。
・親の面倒を看るのは当然だから私が頑張らなきゃ…。
〈嫁〉

・別居の実子が介護のやり方に口だけ出してくる。実際の介護は私任せなのに…。
・積もり積もった思いがあるので、なかなかやさしくできない…。

このように、続柄によって語られる内容に差があります。妻に関しては、「自分が病気になった場合に子どもに迷惑をかけたくない」という思いの強さがうかがえます。老老介護も多い現状があります。夫に関しては、世代的に家事はすべて妻に任せてきた方も多く、仕事と家事と介護のバランスをとることが難しいことと、周囲に弱音を吐けずにストレスをためてしまう傾向があります。実子に関しては、年代的に自分たちの子どもがいまだ学生であるなど手がかかることも多く、ライフイベントを多く体験する中年期に介護を体験している方が多いといえます。嫁に関しては、なかでも長男嫁が担うことが多く、夫のきょうだいが非協力であったり、もともとの嫁姑関係に課題があったりすると葛藤を感じやすいといえます。

こうした続柄によって特有の悩みが存在することを知り、ピンポイントで共感し合える体験は、介護者家族にとって孤独感の軽減や具体的な改善策の発見につながる可能性を高めます。

③施設における家族会の意義

家族会参加後のアンケートに書かれた感想には、「他の家族の介護の悩みや工夫を聴くことで、一人ではないという安心感が得られた」「大変でも頑張っている方がいるという驚きがあった」「同じ疾患でより重度の状態の方の話を聴き、将来を想像して不安になった」等があります。同じ立場の他者の話を聴くことで、自らの介護を客観視する機会となったことがうかがえます。

施設における家族会の利点として三点挙げます。第一に、普段現場で働く介護士を中心として、家族のご本人に対する想いを直接聴くことで、家族との心理的距離が近くなり、ご本人や家族のニーズに合わせたケアを現場に反映させることが可能となります。第二に、家族会の場において家族から提起された疑問や介護方法を実践的に伝えることができることです。第三に、参加家族は、施設を利用していることのメリットを活かせます。ご本人の預け場所が確保されており、担当のケアマネジャーがついているなど、社会的資源を利用しながら在宅介護を行っている方を対象とするため、情報交換だけで時間が過ぎることなく、愚痴や不安を話すことができるという点です。

(3) 介護者カウンセリングの実践

認知症の人を支える家族の心理的ケアの一つに、介護者へのカウンセリングがあります。

認知症と診断されてから、家族はさまざまな感情を経験します。否認、驚き、絶望、怒り、抑うつ、諦め、といったネガティブな感情のみならず、介護生活の中で見いだせる希望や、認知症のご本人との新たな関係性が育まれることもあります。こうした受容のプロセスは、認知症のご本人とのこれまでの関係性によってずいぶんと異なります。例えば、発症以前の長い期間、夫婦愛が冷めていたり、嫁姑問題でいずれかが虐げられていたりする等の関係性の場合、これまでのパワーバランスの変化に戸惑いがみられ、蓄積された負の感情にどう対処してよいかわからないという事態に陥ることもあります。抑圧されていた積年の思いは、介護現場で負の感情の増大を引き起こし、虐待につながるリスクもはらんでいます。

また、四〇～六〇代の若年発症と呼ばれる認知症の場合は、介護者が同年代の配偶者(多くは妻)であり、個別カウンセリングが向いています。若年発症の家族を取り巻く状況の特徴として、病気の進行が老年に比べて早いこと、経済的な生活の基盤が揺らぐこと、子育てと介護の両立が求められること等、介護者の心理的負担は計り知れません。

夫の介護をする妻の例を挙げます。働く世代の夫が発症すると、当然ながら生活は一変します。一家の大黒柱が働けなくなるだけでなく、身体介護もはじまり、母親の役割のみならず、夫の代わりに父親の役割をも担いながら、子育てをすることになります。日常生活では、「私がしっかりしないと」という母親として、妻としての顔で過ごすことが必然的に増えます。そうした役割から解放され、素直な心中を話す体験は、その人本来の姿を取り戻すための手立てになります。「介護者としての私」から離れ、ネガティブな感情をもつことへの罪悪感を取り除く手助けが、臨床心理士をはじめとした専門職者には求められます。人は、やらざるを得ない状況で一つずつ目の前の課題をこなしていくと、徐々に限界値も高まり、「できていることが当たり前」、と自らのハードルを上げてしまう傾向があります。周囲からは介護の直接的な協力は得られないにもかかわらず、指示だけが飛んできて、介護者が疲弊するということは頻繁に起こります。できていない部分ばかり責められると、「私はこれでも精一杯介護に取り組んでいる」という感覚を介護者自身がもてなくなってしまいます。心が疲弊してしまう前に、個別カウンセリングで自分自身のありのままの思いを語り、そのつらさ、苦しさを解放することは、介護者家族の精神安定の一助となります。

こうした介護者カウンセリング以外にも、各専門職者によって多方面から家族へのサポートが可能です。介護士であれば、面会に来た家族に対し、ご本人の日常の様子を積極的に伝えると良いでしょう。ケアマネジャーや相談員であれば、回診やケースカンファレンスの場を通してご本人の症状を的確に把握し、電話で伝えることも安心感につながるでしょう。そうした日々の積み重ねによって、家族との信頼関係が構築され、家族の精神的負担の軽減につながると考えられます。

［文献］
● 北村由美（二〇〇六）高齢者施設におけるこころのケア．曽我昌祺・日下菜穂子（編）高齢者のこころのケア、金剛出版、pp143-152.

Chap.5 介護老人保健施設における家族支援と心理職の役割

京都府立心身障害者福祉センター附属リハビリテーション病院
村友仁志

はじめに

現在、高齢者が過ごす生活環境は在宅以外にも医療機関、介護老人保健施設（以下、老健）、特別養護老人ホーム、有料老人ホーム、サービス付き高齢者向け住宅など選択肢が多様化しています。超高齢社会の中で介護をする家族自身も高齢となり、ご本人の介護が心身に大きな負担となって、どうしても在宅介護が継続困難となるケースも多くあります。選択肢の多様性の中で高齢者の家族支援とそのあり方を考えることは非常に重要であるとともに、それぞれがどのような特徴をもつものなのかという知見を集積することが大切だと思われます。

筆者は京都府伏見区にある老健で相談業務に従事していたことがあり、その経験をもとに高齢者の家族支援、とりわけ老健における家族支援について述べたいと思います。

1 「老健」という場～在宅復帰から看取りまで～

老健の特徴は、ある程度病状が安定している方を対象に、一定の決められた期間の中で集中的なリハビリテーションを行い、在宅復帰を目指す「中間地点」という役割にあります。しかし、施設の運営方針によっては終身の施設につなぐまで中・長期的な入所に対応することや、高齢者施設の中では比較的手厚い医療ケアが可能であることから看取りまでカバーすることもあり、ご本人や家族のニーズも非常に多様なものとなっています。

2 ご本人と家族の間で起こること

リハビリテーションが中心的役割を果たす老健では、家族全体の障害受容が一つの大きなテーマとなり得ます。脳血管疾患や骨折などをきっかけに後遺症として障害が残った時、ご本人・家族共に大きな生活の転換を強いられます。生活に他者の手が必要となった時、その障害や現実をそれぞれのライフストーリーの中にどう収めていくかという問題が起こり、ご本人の自尊心低下や役割変化による家族のショックが問題となることがあります。さらに、それには必然的に急激な家族力動の変化を伴うことも少なくありません。互いの潜在的な心的葛藤や精神的テーマなどに直面化せざるを得なくなり、なりを潜めていた家族関係のひずみが表面化することも起こりやすくなるように思えます。家族力動の変化から「初めて親を叱りました」と語られる家族もおられ、長期的にはご本人・家族共に今までの人生や関係性の再編成ともいえる大変な作業をすることになるケースも多いように思えます。

また、ご本人の日常生活動作（ＡＤＬ）や認知機能が急激に低下した時に家族の意識が追いつかず、悲哀や憤り、受け入れることへの抵抗は、リハビリテーションへの過度な期待やご本人の嚥下《えんげ》状態に合っていない持ち込み食を食べさせるなどの行動に表れることもあります。事故防止の観点が強くなりすぎると職員―家族間に対立構造が生じやすいので、時には心理職が家族への声かけや認知機能評価のフィードバックを慎重に行い、家族の心理的過程を見極めながら、家族支援の観点も含めて他職種と連携を行うことも必要になると思われます。

3 家族間で起こること

家族間においても潜在的な家族関係の問題が顕在化し、家族が抱えるテーマにそれぞれが向き合わざるを得なくなることが増えてくるといえます。ご本人の介護をどうするか（介護負担をどう分担するか）という問題、自分の仕事の問題、さらに相続や葬儀の問題などもリアルに感じはじめるので、互いに話し合わざるを得ない機会も増え、家族間の関係性がもともと良好とはいえない場合、それぞれの心理的負担がとても大きくなる時期といえます。

時にはご本人の介護以上に他の家族との関係のほうが主介護者の大きな負担になることもあります。家族関係の問題は繊細で介入が難しく、キーパーソンが決まらなかったり今後の方向性のコンセンサスが得られなかったりすると、支援が非常に困難なケースとなり得ます。

また、普段ご本人にあまり関わらない家族や親戚の方ほど、ご本人と同居している主介護者に対して強く当たられる場合があります。認知機能の日内変動や認知症の行動・心理症状（ＢＰＳＤ）の現れ方は当然非常に多様なものなので、介護負担の大きさが同居していない他の家族に伝わりにくいこともありますが、「あんなに元気なおばあちゃんを施設に入れたいなんて」「家で転倒したのは、ちゃんと見てないからだ」と、普段関わりのない他の家族から責められ、主介護者が非常に負担を感じておられるというケースもあります。家族間に理解がなく、主介護者をサポートする環境が十分にないと、主介護者は介護保険サービスを使うことにさえおっくうになってしまい、場合によってはご本人との共倒れや虐待にもつながりかねないので注意が必要といえます。このような場合の介入としては、主介護者への心理的サポートと同時に、各事業所と居宅ケアマネジャーが連携をして家族構成員それぞれに施設内やリハビリテーション場面の見学、心理教育を行っていくことなどが考えられます。

4 老健における家族支援と心理職の役割

老健では方向性の不一致、例えばご本人が在宅復帰を希望するも、家族は在宅介護が困難とする状況などがよく起こります。職員から在宅に戻る上でどんな不安があるかを家族に確認し、介助方法やさまざまな在宅サービスの説明を行っていくことも重要ですが、職員間でもしっかりと情報や方向性を共有しながら対応していく必要性があるといえます。在宅が難しいという状況はご本人だけでなく家族にとっても大きな喪失体験である可能性があり、方向性の選択は非常に大きな決断ともいえますが、退所指導や在宅復帰率を意識する中で、他職種がニュートラルな姿勢でご本人や家族の話を聞けない状況も起こり得ます。心理職は「聴くこと」が一つの専門性ですが、方向性の決定に直接的な介入はできないので、他職種の専門性を理解・尊重し、あくまでニュートラルな立場として専門性を明確にした上で、ご本人や家族への心理対応や他職種との情報共有を行っていくことが望ましいと考えます。

また、心理検査によってご本人の認知機能を評価し、認知リハビリテーションや他職種の専門性をさらに活かすための情報共有・連携を行うのも心理職の重要な介入のあり方ですが、フィードバックを通じて家族がご本人の状態を少しでも正しく理解するきっかけをつくり、声かけや関わりの際の工夫を伝えていくことも大切と考えます。認知機能評価のフィードバックは受け入れがたいことへの直面化にもなり得るため、その過程で揺れる家族の思いやニーズにも敏感でありつつ、専門性をもって継続的に対応し、生き方の選択に関わる心的過程を支える心理的支援を行っていくことも、中間地点で関わる心理職の大切な役割と考えます。

おわりに

命に関わるような急性期での対応を過ぎて老健に入所してこられるご本人や家族は、多くの場合、なおも大きなショックや後遺症を抱えながらも、それでもそれを受け入れて、これからの生き方を必死で模索されている状態にあります。それは心の過程においても急性期を過ぎた「回復期」といえるような印象を受けます。また、新たな生き方を模索する「ターミナル（終点ではなくさまざまな可能性や生き方の起点としての意味で）」の時期ともいえます。そんな岐路にある中、究極的には「どうあるのがご本人や家族にとって幸せなのか」と考えながらも、最終的にはどのような選択をされても尊重し、そこに丁寧に寄り添えるような介入ができるなら、心理職ができることには限りのない可能性を感じます。

介護は家族だからこそ難しいこともあると思います。「わかっていても叱ってしまう。よそのおばあちゃんなら、もっと理解してあげられるのに」「親だからこそ許せない」と語られる家族の方にお会いすることもあります。また、配偶者や親が自分の顔や名前、お互いだけが共有している思い出を忘れてしまう、わからなくなってしまうことに涙を流される家族もおられます。家族とご本人には重厚な歴史があり、家族にしかわからないこともたくさんあると思われます。また、介護自体が今までの人生を再び歩き直し、必然的に心の整理を行っていくプロセスを伴うものなのかもしれません。その理屈ではないところを個別性として、どのように尊重しながら寄り添うかが心理対応の大切なポイントのように思われます。在宅や施設入所にかかわらず、家族にはご本人に対するさまざまな思い（感謝や愛情）があり、人生の最期が近いかもしれないご本人と過ごす重要な時期に、自分自身が後悔をしないような関わりをしたいと思っておられる印象をもつことも少なくないので、その思いを大切にしながら関わることに大きな意味があるように思われます。

［文献］
- 公益社団法人全国老人保健施設協会（二〇一四）特集「家族支援の取り組み～在宅復帰に向けて」．機関紙『老健』、25(1), 8-9.
- 上田敏（一九八〇）障害の受容―その本質と諸段階について―．総合リハビリテーション、8(7), 515-521.

Chap.6

病院における家族の集いについて

和光病院
リハビリテーション室
加藤真弓

はじめに

認知症の臨床に携わっていると、家族の発症や症状の進行に動揺したり、これから先のことに不安を感じたりされている方に多く出会います。認知症の方へのケアはもちろんのことですが、介護をしているご家族へのサポートも欠かすことはできません。当院では、認知症のご本人の診断や治療だけでなく、そのご家族のケアも大切に考えています。

認知症の方とそのご家族を対象に看護師が行っている「看護外来」をはじめとして、個々のご家族へのサポートはさまざまな職種が、それぞれの専門性に基づき行っています。集団を対象として行っているものとしては、認知症についての基本的な情報を認知症の方とご家族に伝えることを目的とした「認知症基本講座」、入院患者さんのご家族を対象に認知症専門病院を取り巻く社会状況や当院の現状、職員の紹介などを行う「家族懇談会」、地域の方々に認知症の啓蒙や当院の紹介を行うため毎年開催している「公開講座」などがあります。

二〇〇九年四月から二〇一四年三月までは、「家族の集い」を開催していました。ここでは「家族の集い」の概要を記し、その意義や課題について考察します。

1 会の枠組み

「家族の集い」の対象は当院に入院、もしくは外来に通院している患者さんのご家族で、介護により生じた悩みや疑問、経験を分かち合うことでストレスや葛藤の抱え込みを防ぐことを目的としました。

スタッフは精神保健福祉士と臨床心理士が一名ずつ参加し、交代で司会を担当しました。毎月第四金曜日の午後一時半から三時までで、参加費はお茶代として毎回百円。いろいろな方に参加していただきたく、参加者を固定しないオープンなグループとしました。そのため、会の中で語り合ったことは他言しないことを約束事とし、毎回、会のはじめに参加者に伝えていました。

開催場所は当院の集団療法室です。日々介護に取り組む参加者の気持ちを少しでも和らげたいと考え、テーブルの上には季節の花などを飾りました。参加者が部屋に入った瞬間に花を見て笑顔になったり、会話が生まれたりする様子が見られました。

参加者の募集は、院内のポスター掲示や、病院スタッフによる参加の声かけを通じて行いました。最大

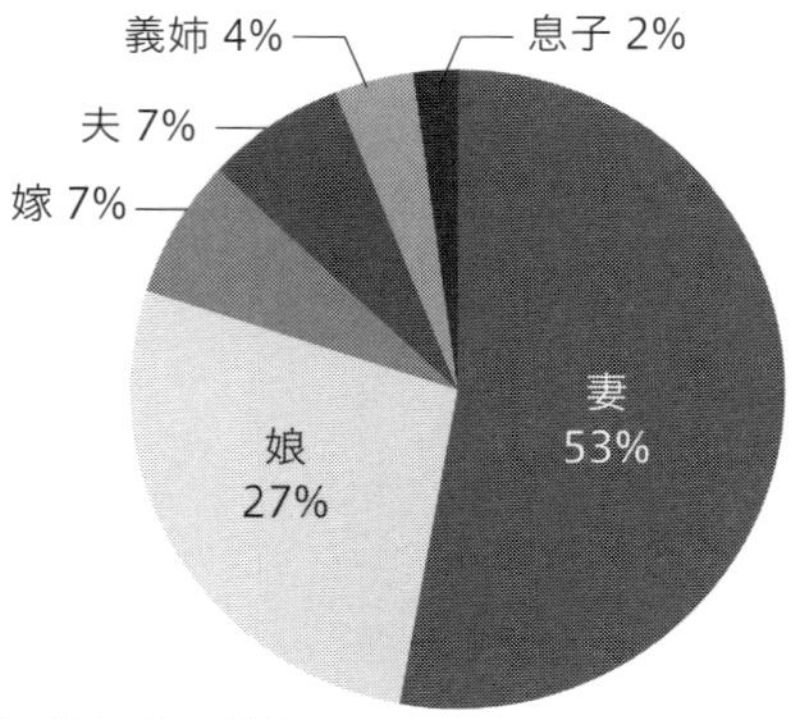

図1）参加者の続柄

一〇名の方が参加されたこともありましたが、時間の経過とともにメンバーが自然と固定されました。常連のメンバー二、三名に、ときおり新規のメンバーが一、二名加わるという具合でした。参加者の続柄は図1のとおりで男性参加者の数が少ないことがわかります。全体の三割が男性介護者（内閣府、二〇一六）ということを考えると、男性の参加はもっと多くてよいはずです。男性参加者を増やすためには開催時間の検討や、女性の多い会に加わる抵抗感などへの配慮も必要だと思われます。

2 話題について

「家族の集い」の中で語られた主な話題は次のとおりです。

・さまざまなステージの認知症の症状とケアに関する話題…認知症の症状や認知症の人への接し方、対応方法や薬の副作用、胃ろうの開始時期についてなど
・社会支援に関する話題…介護サービスの申し込み方、介護サービスの種類、民間のサービスについてなど
・心理的な側面に関する話題…介護しているときに生じた自分の気持ちをどのように整理していくか、これまで思い描いた老後の人生計画が変わったつらさ、医療措置に関する代諾の悩みなど
・社会的な設備の不十分さや周囲の理解のなさに関する話題…公共トイレでの介助時の気まずさ、妻の下着を買う男性介護者の苦労、認知症に理解のない親戚についてなど

参加者の質問に別の参加者が「自分の場合は」と経験を語ったり、アドバイスをしたりすることもあれば、精神保健福祉士や臨床心理士が専門的な立場からお伝えすることもありました。精神保健福祉士は当院の情報や社会資源について幅広く情報を伝えることが多かった一方で、臨床心理士は認知症という病気の特徴や、BPSDの対応方法についての情報を求められることが多くありました。

また、精神保健福祉士と臨床心理士である筆者とでは、専門性の違いからか、進行の仕方にも違いがあると感じました。精神保健福祉士は、質問が出た際、具体的なアドバイスを提供する傾向がありました。筆者が組んでいた精神保健福祉士が経験豊富な年配の方だったことも影響していると思うのですが、自分の感想を交えながら参加者の話をまとめていくことが多く見受けられました。一方で、筆者は自分の感想を述べるよりも、まずは相手の話を聞くという姿勢で行っていました。質問に対して、「○○さんはいかがでしたか？」のように、結論を出さずに参加者に考えてもらうような進め方をする傾向がありました。どちらが良くて、どちらが悪いとはいえません。しかし、家族会を担当するスタッフの考え方や専門性によって、アプローチの仕方は異なる可能性が大いに考えられます。多職種で行う場合は、そうした違いがあることを頭の片隅に置きながらも、多職種がその場にいるメリットを最大限に活かせるよう、スタッフ間のコミュニケーションをしっかりとり、良好な関係性を築く努力が大切になります。

3 四年間を振り返って

〝常連〟の参加者が介護の山を越え、気持ちに余裕が出てきたことで「ここではどんな話をしても大丈夫」という雰囲気が会に生まれました。同時に、介護「卒業生」としての経験者の立場から、介護まっただ中の参加者にアドバイスをする場面が見られることもありました。「家族の集い」で知り合い、仲良くなった人たちで連絡先を交換し、お互いの大変なときにサポートし合っていることが報告されたり、「家族の集い」をきっかけに介護の専門性を高めるための勉強をはじめ、その報告を他の参加者にする場面などもありました。また、参加者同士が通院の付き添いや、入院のお見舞いなどで、病院で顔を合わせると、挨拶や近況報告を行っている様子も見受けられました。「家族の集い」をきっかけに、これまで知り合うことがなかったご家族に横のつながりができ、ピアサポートが促進されている様子が見受けられました。

参加者の感想としてアンケートに記載されていた内容は次のとおりです。

- 話を聞いてもらえ、わかってもらえる場がほしかった。
- 話を聞いてもらえてすっきりした。状況は変わらないが、自分の中にため込まないでこういう場所で話をしたり、他の人の話を聞いて自分だけじゃないと思えたりすることで患者に少しやさしくなれる。
- 参加者の顔を見ると元気になる。こうして笑えるだけでいい。
- 一歩前を行く介護経験者の話を聞き、専門家からアドバイスをいただけることは本当にありがたい。
- 通院している病院で家族会があることで、どれほど安心感を得られているか。本当に感謝している。介護している自分の心の安定が主人の病気の進行にも影響していると思う。

アンケートを読む限り、当院で家族会を開催することで、一定の成果はあげられたと考えます。しかし、継続して参加した方からは評価を得たものの、参加者数は増加していきませんでした。そのことが「家族の集い」終了の理由の一つです。

参加者数が増えなかった原因として、まず、単発の参加者が多かったことが挙げられます。これは、「家族の集い」が新規参加者の期待にかなうものとなり得なかったからと考えられます。一つには、スタッフの力不足があるでしょう。また、「家族の集い」の構造的枠組みにも再考すべき点があります。いろいろな方に気軽に参加してもらうためにオープンなグループで月一回開催としました。しかし、一クールの期間や回数を決め、クールごとに参加者を募集する形式には、参加への動機づけを高めることができ、かつ、個々のニーズを推し量りながら会の運営ができるというメリットがあります。あらかじめ回数が決まっていれば、参加者もその期間は出席しようという気持ちが生じるのではないでしょうか。

次に考えられる原因としては、院内で会の存在をアピールしきれなかったという点が挙げられます。「ただお茶を飲んで話しているだけなのに職員を二人もつけてもったいない」というふうにとらえる職員もおりました。家族会の効果や意義を積極的に伝えるようにすれば、他の職員の理解を得るきっかけになります。そして、他の職員が家族会を患者さんのご家族に勧めることにつながります。そのためにも、短期的・長期的、両面からの会の効果検証、院内での結果の共有が必要だったと反省されます。

自分の体験や抱えているものを語り合える場、介護について分かち合える場として家族会の意義はあり、ニーズは今後もあると思われます。開催の仕方、会の進め方、効果検証の方法などを練り直し、再び家族会を立ち上げられたらと考えています。

おわりに

当院では臨床心理士がご家族と直接話をする機会はそれほど多くはありません。ご家族が心理検査の詳細な結果説明を希望された場合や、臨床心理士が運営している認知症予防プログラムの効果測定時にご家族が同席された場合などに限られています。そんな中、「家族の集い」は、介護をされているご家族と直接関わり合える貴重な機会でした。

臨床心理士は、社会サービスなどの情報提供や、薬や身体リハビリのような直接身体に働きかけるアプローチは専門ではありません。その代わり、腰を据えて話を聴くことや、戸惑いや葛藤などの気持ちの整理への働きかけ、認知機能面から認知症の方の状況を解説することなどは、比較的得意な分野です。認知症の方および、そのご家族の支援に、臨床心理士のさらなる参加が望まれます。

［文献］

●内閣府（二〇一六）高齢社会白書平成二十八年版、日経印刷.

Chap.7

認知症患者とその家族との関わりから学んだこと

——アウトリーチが出発点となった家族支援のスタンスについて

甲府共立病院
齊藤徳仁

はじめに

国は新オレンジプラン（認知症施策推進総合戦略）において「認知症の人の意志が尊重され、できる限り住み慣れた地域のよい環境で自分らしく暮らし続けることができる社会の実現を目指す」と基本的考え方を示しています。七つの柱には、「介護者への支援」「認知症の人やその家族の視点の重視」が盛り込まれるなど、今後認知症の方とその支援者、家族の一体的援助がより求められています。

私は、以前日本心理臨床学会の自主シンポジウム「高齢者支援：認知症の家族支援」の中で、総合病院の臨床心理士の立場からアウトリーチをきっかけに認知症の患者さんと家族が変化したことについて報告しました。そこで得られたアプローチの方法（アウトリーチ的視点）は、病院内の臨床でも非常に重要で、幅広く応用が可能と実感しています。

1 事例紹介

(1) 認知症のAさんとその家族との関わり ―家庭訪問の場合―

Aさんの紹介

まず、最初に私にとって大切なアウトリーチの体験をここに紹介させていただきます。

Aさん(八〇代女性)はある時から不安を強く訴えていたために、内科医の紹介で精神科外来に通いはじめました。しかし、服薬が十分にできず症状の改善が見られませんでした。Aさんは主たる介護者であったお嫁さんに対し、物を盗ったと疑うことが増え、そのような状況にお嫁さんは相当参っているようでした。お嫁さんに、病院に来てもらって話し合うこともありました。しかし、状況の改善がなく時間だけが過ぎていきました。

私は何かこの状況を少しでも改善する糸口が見いだせないかと考え、地域包括支援センターの職員と家庭訪問をすることにしました。

家庭訪問にうかがってわかったことは、Aさんの五〇代の一人息子さんは、一年ほど前に脳梗塞を患い、まだ退院して間もなく、要介護状態で家におられました。お嫁さんは、Aさんの介護だけでなく、夫の介護もし、さらに経済的に家族を支えるために仕事のかけもちをしていました。お孫さんは受験生で今まさに目標に向かって頑張っているとのことでした。実際は、家族全体の問題がお嫁さん一人の肩にかかっていたのです。私たちは、その状況を目の当たりにした時、ただただお嫁さんの労をねぎらうことしかできませんでした。

この家庭訪問を境に、Aさんへの対応について、孫も含め介護サービススタッフの関わりが明確になりました。内服は孫が管理することになり、訪問看護が導入されたこともあわせ、Aさんの症状は安定していきました。

(2) がんと認知症のBさんとその家族との関わり ―病室に出向く面接の場合―

Bさんの紹介

認知症とともに、がんなどの身体的疾患のため入院してくる患者さんとも多く出会います。Bさん(八〇代女性)は認知機能の低下はあったものの、自宅で一人暮らしをしてきました。しかし、自宅で転んでしまい、腰椎圧迫骨折のため整形外科に入院しました。そしてその後の精査で末期がんが見つかりました。病状説明では、認知症のあるBさんには、病状を理解した上でがん治療に取り組んでいくことは難しいだろうということ、その上で緩和ケアを中心とした治療の方向性が確認されました。しかし、ご家族は急な重い病気の宣告に戸惑いを隠せない様子でした。さらに、しばらくするとBさんはせん妄が生じ、Bさんの介護のために付き添いをはじめていた娘さんは、その症状を目の当たりにし、不安を口にし、混乱している様子が見られました。主治医より緩和ケアチームに依頼があり、私は緩和ケアチームの臨床心理士としてBさんおよび付き添っていた娘さんのもとへ向かい、面接を行うようになりました。

【入院X日目】 病室にうかがうとBさんは横になっており、娘さんはその横で椅子に座って本を読んでいました。娘さんからは「母親の病気がわかってから、残されたいのちが短いことは理解できました。でも本当にそうなのだろうか？　今後病気が進行したらどうなってしまうのか？　今の状況で私にできることはないのだろうか？　そう考えてしまっています」と語り、いろいろな専門書を読んできたことを教えてくれました。Bさんは娘さんがいることで安心している様子が私に伝わってきました。

その後私は人生の出来事をゆっくりとしたペースで聴いていきました。Bさんは県内のある町に生まれ育ち、公務員になって働きはじめました。その後同僚だった夫と相談して何か商売をしようということになり、数年前に夫が亡くなるまで旅館業を営んできました。しかしBさんの話は生まれた町と現住所が入れ替わるなど、ところどころ事実が変わっていて、認知機能の低下が進んでいることを思わせる場面がありました。

【入院X＋七日目】 希望を聞くとBさんはしっかりした口調で「もう少し動けるようになりたい」と話しました。これまで、家族やお客さんのために旅館業を営み、三人いる娘さんが独立し、旦那さんが亡くなるまでずっとこつこつと働いてきたということでした。

【入院X＋二二日目】 声をかけるとBさんは童謡を聞き、それにあわせ歌っており、表情は良く、「苦痛なことはないね」「希望ね、特にないよ。こういう楽しいところが良いね」と語られました。娘さんからは「痛みがなければ家で看たほうが（私の）気持ちは楽かも」と今後の意向についても話されていました。

【入院X＋二八日目】娘さんは「今後どうなるのかな？」と不安そうな表情をされていました。その頃には、娘さんたちの希望で自宅退院の準備も進んでいました。退院後は、娘さんたちの負担が少しでも軽減できるよう、訪問診療をはじめ、訪問看護やショートステイなどの介護保険制度を活用していくことになりました。

そして退院一カ月後、Bさんは自宅にて永眠されました。担当していた訪問看護師によると、亡くなる数時間前はとても意識がはっきりし、「これまでありがとう」と娘さんたちに感謝の言葉を残していったそうです。

2 事例を通じて

Aさんと関わらせていただいたことで、家族や環境などの関係性を見ようとする姿勢をより強く意識するようになりました。Aさん家族（お嫁さん）と病院の面接室でお話をしている限り、Aさん家族の大変さは理解できなかったばかりか、Aさんの病状安定やお嫁さんとの信頼関係を結ぶことはかなり難しかったと考えます。

この家庭訪問の体験は、院内業務にも応用できるように感じました。病院に入院している患者さんの病室は患者さんの空間で、家族にとってもできる限り個別な空間であることが望ましいと思います。そして、そこに私たち援助者が出向くことで、家族の様子や時には課題なども見えてきます。

Bさんと娘さんと関わらせてもらうなかで、私は病室に出向き、まずはせん妄が改善し、見当識を補助し安心できるよう病院名を書いたカレンダーを貼らせていただきました。その後はBさんが飼っていた犬の写真、好きだった童謡の歌詞とCDなどが自宅から持ち込まれ、Bさんらしい時間を過ごせるようになりました。同時に私はBさんが歩んできた歴史に触れ、病院であったとしても、その方が自宅で暮らしてきたこと、そこで暮らしてきた姿に思いを馳せることに努めてきました。そのような感覚で共に時間を過ごすなかで、次第に娘さん自身も母親Bさんとどんなふうに最期の時を過ごしていくのがよいか、答えを見いだしていったようにも感じます。

3 まとめ

病気や認知症になることで、本人と周りの人たちの関係などは変化していくと思います。

私は以前、患者さんやその家族の話をうかがいながら、状況が変化している中、好ましい方向性に調整しているつもりで失敗したことがありました。それは、それぞれの思いを何とかまとめようと努めていた結果でもありますが、今感じているのは、結果その行動が両者の思いをまとめるのではなく、引き裂いてしまっていたこともあったのではないかということです。

松木（二〇一五）は、患者、家族の立場に立ち、その思いに批判なくより添う姿勢について「私達が聴きながら、語っている彼らの世界に我が身を置き、彼らその人自身になりきることです。傾聴しつつ観察しつつ、クライエントの思いに添うのです」と述べ、その感覚について「他者の靴に自分の足を入れてみる。“put oneself into someone’s shoes”」と述べています。

二事例を通じて、実際に家庭訪問をするか病室に出向くかの違いはありますが、目の前の患者、家族のケアにおいては、いかに患者、家族の生きてきた世界に足を入れて知ろうとするかという姿勢が求められているように感じています。

筆者は同居していた祖母も認知症だったため、「認知症ケア」や「家族支援」は身近な問題でもありました。祖母は、祖父が亡くなったことで自宅での生活が困難になり施設での生活を送っていましたが、孫やひ孫が行くといつも笑顔で迎えてくれました。その後施設で亡くなりました。葬儀の後の初七日の席で、父親が祖母について「戦争で二人の兄を亡くし、その通知が来た時とても強いショックで、三日三晩泣き続け、その後はその悲しみをふっきるように愚痴もこぼさず家のこと、仕事、地域のことを頑張り続けた」と話していました。この時、それまでの祖母に抱いていたイメージが変わり、祖母の人生が私の中に入ってくるような感覚を覚え、祖母の人生の重みを強く感じ、同時に家族に対しての思いを新たにしたことを覚えています。

日々の臨床の中で、患者さん家族が歩んできた歴史を聴くと、その歴史の重みを痛感します。その場に私も一緒に身を置いていると、その出来事は変わらなくても、体験してきたことの意味が大きく変化し、患者さん、家族が体験し直し、患者さん、家族が新たな価値を見いだしていくことがあるように感じています。

今回私に与えられたテーマは〝アウトリーチ〟でした。日々の業務を振り返ってみると、家庭訪問などの文字どおりのアウトリーチをすることは実際には少ないのですが、アウトリーチには、その人が歩んできた歴史に触れ、その方が自宅で暮らしてきたこと、そこで暮らしてきた姿に思いを馳せる指向性があります。

認知症やせん妄があって入院している患者さんや家族にお話をうかがう際、場合によっては、その病室が患者さんや家族の空間（あたかも家のように）であることを援助者側が意識することもアウトリーチの一つになるかもしれません。それによって私たちは、患者さん、家族が大事に抱いてきたことに触れることができ、私たちの前で思いを表出しやすくなり、家族同士が尊重し合える場に変化することを、最近実感することが増えています。

［文献］

● 松木邦裕（二〇一五）耳の傾け方、岩崎学術出版社.

Chap.8 急性期総合病院の視点から

AOI国際病院
森　亮

はじめに

急性期総合病院とは、「一定の医療資源や設備・環境（病床数・診療科など）を確保し、身体疾患の急激な発症・増悪により重症化した状態に対して、高度かつ専門的な医療（入院・検査・手術など）を提供する医療機関」を指します。

そして、医療の複雑化・多様化に伴う医療従事者の業務の専門化・細分化、平均在院日数の短縮、地域医療連携の強化など、急性期総合病院を取り巻く情勢に際して多職種連携（チーム医療）は必須とされ、近年、臨床心理士もその一端を担う専門職として認知されてきています。

その中での臨床心理士の役割は、外来・病棟でのカウンセリングや心理査定などの専門知識やスキルを用いた「患者・家族への対応」や、町田（二〇〇二）の提唱するコンサルテーション・リエゾン活動を通しての多職種連携があるでしょう。また、患者・家族への対応を気軽に相談できる環境を提供したり、ストレスフルな状況に陥りやすい医療従事者の「心のケア」を担う「スタッフへのサポート」をしたりすることになります。

本章では、急性期一般病棟という実践の場における認知症ケアの取り組みや、認知症の人を支える家族支援の必要性について考えてみたいと思います。

1 急性期総合病院における認知症ケアの取り組み

二〇二五年問題を控え、近年の高齢社会の急速な進展は急性期一般病棟の入院患者の高齢化を促し、高齢の入院患者の約二割を認知症の人が占める状況にあります。

身体疾患の治療で入院した認知症の人へのケアをめぐっては、①せん妄の合併や認知症状の増悪に伴う抗精神病薬の投与や身体抑制の漫然とした実施、②身体合併症の増悪や身体機能・生活の質の低下、③医療従事者への暴言・暴力、転倒やルートの自己抜去など管理上のトラブル、④在院日数の増加や在宅復帰率の低下、⑤退院後の介護負担の増加、⑥死亡率の増加、など、さまざまな課題が挙げられます。

これに対しては、二〇一五年に策定された認知症施策推進総合戦略（新オレンジプラン）では「身体合併症への早期対応と認知症への適切な対応のバランスのとれた対応」の必要性が示され、具体的には医療従事者による認知症の知識習得やアセスメント能力の向上、認知症専門家を含めた多職種チームによる予防・早期の介入などが取り上げられています。

しかし、その目的は早期かつ効率的な退院調整支援に重きが置かれ、「生活者」の視点をもち、「認知症の人の尊厳の保持」を目指す認知症ケアの理念を十分に取り込むには至っていない印象があります。そのため、例えば看護・介護の領域での導入・実践が展開されてきているパーソン・センタード・ケアの理念やバリデーションやユマニチュードなどの理論・技法を用いた実地での取り組みに今後の期待がなされるものと思われます。

2 急性期総合病院における、認知症の人を支える家族支援

前項で示した課題は、認知症の人の支え手である家族にも大きく影響します。例えば、平成二六年度の長寿医療研究開発費研究の報告によれば、入院中の認知症の人が身体疾患の治療に際して問題が生じたことがあるか、の問いに対して約半数の家族が、家族の付き添いの要請や身体拘束の実施、身体機能低下に伴う介護負担の増加などの問題があったと回答しています。

また、①身体機能の低下やBPSDの残存による介護負担の増加、②悪性腫瘍などの身体疾患の病名告知、治療方針やリスクの選択、延命処置の有無など、生死に関わる方針の決定を家族が代わりに判断をしなければならない状況、③認知症や身体疾患の進行に伴う看取りのプロセスを受け止めていく、など急性期の医療に生じやすいこのような場面は家族にさまざまな葛藤や不安を引き起こし、家族の関係性や力動にも複雑で多様な影響を及ぼすことが想定されます。その意味では、支え手である家族も認知症の人と同様、もしくはそれ以上のストレスにさらされている「隠れた患者」として支えていくことが必要であり、具体的には、以下の事例を踏まえて考えていきたいと思います。

● 事例（1）七〇代　女性　末期肺がん

本人はアルツハイマー病による理解・判断力の弱まりが認められ、唯一の身寄りである同居長男（三〇代）に担当医から病状的に積極的治療の困難が伝えられましたが、長男は母親への病名告知に抵抗を示し、積極的治療の導入を希望しました。その後、仕事帰りに毎日病棟に顔を出して母親のケアへの不満を病棟スタッフに繰り返し、長男の対応への負担感や陰性感情が病棟スタッフから表されるに至ったところで、病棟師長から長男の心理面評価やスタッフのサポートを目的とした介入依頼がありました。

長男との対話では、仕事が多忙で母親の病気に気づけなかった悔いや、周りに相談する人もおらず何もしてやれない無力感・喪失感などを丹念にうかがい、その中で、長男は悪性腫瘍で闘病生活を送った亡き父親の姿を見て、穏やかに最期を迎えたい、と母親が以前語っていたことを思い出しました。

そこで、病棟に向けては病棟スタッフのこれまでの対応をねぎらうとともに、長男の言動の背景にある気持ちを病棟スタッフが納得できるように伝え、陰性感情を和らげる働きかけを行いました。あわせて、長男を取り巻く環境が落ち着いて事態を受け止めるための支援資源を得られない状況にあるとの見立てを伝え、長男なりに感じているつらさをねぎらい、支持する関わりを病棟スタッフと共有して実施したところ、次第に長男の言動も治まりを見せました。その後、長男同伴で担当医より本人に病名・病状を説明したところ積極的治療は希望せず、緩和ケア病棟に転院となりました。

● 事例（2）八〇代　男性　末期胃がん

病状の悪化により全身の衰弱も著しく、本人の意向をくんで家族は自宅での看取りを希望しましたが、介護の主導権をめぐり認知症の妻と長女が対立して退院調整が滞り、在宅訪問のスタッフより妻の介護能力の評価を目的とした介入依頼がありました。

妻との対話では、これまで夫が自身の病気と闘いつつ認知症の妻を介護してきた経緯や、また、娘との対立の背景には「今度は自分が夫に何かしてあげたいが、娘が何もさせてくれない」事態への不満や焦りが見受けられました。そこで、神経心理学的検査の結果からは夫の介護を担うことの難しさが示唆されるものの、「認知症の人であり、かつ家族としての支え手」という妻の二つの側面を踏まえて対応できる役割を保障することが気持ちの安定にもつながるかもしれない、との見立てを医療者・家族に納得できるように伝えたところ、長女より「昔から人の出入りの多い家業を母親が取り仕切り、『外から来た客をもてなす』役割に自負もあった」エピソードが示されました。そして、家族との話し合いで、妻の役割を「往診医や訪問看護師を玄関で出迎える」と明確化することで妻の不安も軽減し、実娘が介護の担い手となり自宅退院となりました。

3 まとめと課題

二つの事例を踏まえて、急性期総合病院における認知症ケアとは何か、を改めて考えると、病棟という普段の生活とは異なる環境の中で、認知症の人がその人らしさを保つための関わりであり、また、家族支援とは家族が支え手としての役割を担えるようにサポートすることにあるのかもしれません。

専門職としての臨床心理士がもつ視点としては、一つには家族に対して何が支援のしどころになるか、誰がどのように困っているかを「見立てる」ことにあります。家族が何に困り、苦痛を感じているのか。家族自身の思考・感情・価値観といった内面や人間関係をめぐる葛藤なのか、または現実の生活の経済的・社会的な課題への不安や恐れなのか。

そして、これらの苦痛は往々にして相互的であり、どのようなアプローチや支援資源に「つなげる」ことが役に立つか、を考えるのも大事な視点だと思います。例えば、カウンセリングや心理療法などのアプローチは、まとまらない考えや気持ちを「つなげる」作業を通じて葛藤の整理や自身の気づきを得る機会になるかもしれません。また、介護場面に必要な職種を導入したり、医療制度や社会保障の紹介・取得の橋渡しをしたりするなど、具体的で適切な支援資源に「つなげる」ことで介護・経済的負担の軽減が得られるかもしれません。

このような「見立てる」「つなげる」視点を支えるのは、身体医学や精神医学、看護やリハビリなどの他領域、または社会保障制度や関連法規に至る多様な知識・技術への関心であり、かつ、臨床心理士の役割や働き、見立てを他の職種や家族、時には本人が納得できるように説明できるコミュニケーション能力でもあると考えられます。そして、これらは同時に、多職種連携の基盤にもなると思われます。

また、これらに加えて、認知症の人やその家族それぞれの内面・関係性に焦点を当て、「それぞれのこれまでの歩み、今に至り、これからに続いていく一連の流れ」に着目し、理解しようと努める姿勢は臨床心理士という職種ならではは、なのかもしれません。

[文献]

- 岩満優美・平井啓・大庭章・塩崎麻里子ら（二〇〇九）緩和ケアチームが求める心理士の役割に関する研究：フォーカスグループインタビューを用いて．Palliative Care Research, 4(2), 228-234.
- 上別府圭子（二〇〇六）総合病院における臨床心理士：コンサルテーション・リエゾン活動に焦点を当てて．臨床心理学、6(1), 14-19.
- 厚生労働省（二〇一五）「認知症施策推進総合戦略～認知症高齢者等にやさしい地域づくりに向けて：（新オレンジプラン）」について（概要）
- 町田いずみ（二〇〇二）一般病院における「リエゾン心理士」活動の試み．臨床心理学、2(1), 63-75.
- 諏訪さゆり・酒井郁子・緒方泰子・時田礼子（二〇一一）平成二一年度千葉大学公開講座：「認知症を知る　看護学の視点から」「急性期病院における認知症ケア」．千葉大学大学院看護学研究科紀要、33,11-15.
- 田山未和・上川英樹・加来洋一（二〇一二）総合病院での臨床心理士の役割：臨床心理士の専門性と多職種チーム満足の両立をめざして．精神医学、54(3), 309-316.
- 長寿医療研究開発費 平成二六年度 総括研究報告：認知症の救急医療実態に関する研究、1-9.
- 中央社会保険医療協議会総会（第315回）議事次第：入院医療（その6）．二〇一五年一一月二五日．

Chap.9

藍野病院における認知症家族教室の取り組み

藍野病院臨床心理科
代田純一
首藤　賢
藤田　雄

はじめに

認知症の人を介護する家族の精神的、肉体的、経済的な負担は大きく、介護疲れからうつ病に陥るケースや、対応方法がわからず虐待に至るケースもあります。二〇一五年に厚生労働省は、認知症施策推進総合戦略（新オレンジプラン）を発表しました。新オレンジプランの七つの柱の一つに「介護者支援」が掲げられているとともに、「認知症の人やご家族の視点の重視」が、新オレンジプラン全体の概念となっています。

藍野病院では二〇一二年に多職種による認知症家族教室ワーキンググループが発足し、翌年から家族教室を開催しています。ワーキンググループの構成は、医師、看護師、社会福祉士、管理栄養士、臨床心理士、医療事務職員の計一〇名です。講義のみを行っていた当初の家族教室のアンケート結果より、家族はそれぞれの状況に応じた、具体的かつ実践的な支援を必要としていることがわかりました。そこで、家族同士の交流を通して、意見交換や思いの共有ができる場を設け、具体的なニーズに応えられるような形式にプログラムを改善していく必要があると考え、家族教室にグループセッションであるお茶会を加えることにしました。

本章では当院で行っている家族教室の構造や具体的な実施方法について紹介します。なお、家族教室を運営する上で、文献に挙げた後藤（編）（一九九八）、伊藤（監）（二〇〇九）、松本（二〇〇六）、矢吹（編）（二〇一五）の著書なども参考にしました。

家族教室の実践

(1) 目的

当院で家族教室を実施するにあたり、①病気に対する知識や、適切な介護方法、社会資源の活用法などの情報提供をすること、②家族同士が交流できる場を設けることで、思いの共有や、悩みの相談ができることと、を目的としました。また、家族教室への参加が、介護技術の向上や、不安、ストレスの軽減につながり、さらには、家族が現状を受け止め、自分で問題を解決できるように援助すること、すなわち、エンパワメントの促進を目指しています。

(2) 対象と枠組み

対象は、当院に入院中もしくは外来に通院中である認知症の人の家族です。なるべく多くの方に参加していただけるように自由参加のオープン形式で行っています。当院の家族教室では、心理教育・家族教室ネットワークが推奨する標準版家族心理教育の手法に準じて認知症の人の家族に心理教育的アプローチを行っています。開催頻度は二カ月に一回、年間六回の開催としています。第一部四五分、休憩一五分、第二部六〇分という二部構成になっています。また、第二部終了から三〇分間は家族同士が自由に交流できるように部屋を開放しています。第一部の教育セッションでは、資料を配布し、毎回、異なった専門職者が講義を行います。第二部は印象を柔らかくして気軽に参加してもらえるように「お茶会」と名づけてグループセッションを行っています。

(3) 教育セッション

講義の内容は年度によって変更していますが、主に取り上げているテーマとしては、「認知症という病気の基礎知識」、「症状への対応や関わり方」、「介護者のストレスマネージメント」、「社会資源の活用法」などが挙げられます。内容に応じてさまざまな専門職者が講義を行っています。講義後には質疑応答を設けており、このセッションが一方的な情報提供にならないように配慮しています。

(4) グループセッション(お茶会)

お茶会では、相談したいことを挙げてもらい、それについて家族が自身の経験を活かしてより良い対処法やアイデアを出し合う、解決志向型のグループワークを行っています。一つのグループに家族が一〇名以下、スタッフは三名程度になるように構成しています。また、家族が多数になる場合は、家族の状況や相談内容が似ている人が同じグループになるように調整しています。

スタッフの役割は、主にグループの進行をするリーダー、家族の発言をホワイトボードに記入する板書係、グループ全体に目を配りながらリーダーと板書係のサポートをするコ・リーダーがあり、これらのメンバーがグループの中に加わります。その他に、家族から飲み物の注文を受けて提供するお茶係と、全体の進行を記録する書記がいます。

相談テーマを決め、家族同士で意見交換をすることが、お茶会の主要な部分となります。リーダーが家族に話を振って発言を促しながら会を進行します。同時に板書係がテーマや意見をホワイトボードに記入していくことで、家族が情報共有をすることができ、グループにまとまりが生まれてきます。会を進行するのはリーダーですが、主体は家族です。家族が受身にならないようにスタッフの発言は最小限にし、グループの相互作用を高めるようにしています。

スタッフは家族の思いを共感的に聞きつつ、できていることに注目したり、ねぎらいや肯定的な言葉かけをするように心がけています。また、家族の発言が長い場合はリーダーが整理、要約して内容を共有しやすいようにしています。さらに、発言の中にその人の思いが含まれていたら、リーダーが繰り返し述べて参加者全員がその思いに気づけるようにしています。このように家族同士がお互いを理解し、共感し合うことで、仲間意識が生まれ、効果的な協働、そしてエンパワメントにつながると感じています。

(5) お茶会における家族の変化

ここではアルツハイマー病の義母の介護をしている家族（続柄：長男の嫁）の事例を紹介します。この家族は、記憶障害が顕著で妄想も認められる義母にうまく関わることができていないという思いから、開始当初は自責の念が強く、お茶会では涙を流される場面もありました。しかし、他の家族が抱えている悩みや問題、それぞれの思いを聞き、「つらいのは自分だけじゃない」「もっと苦労している人もいる」と感じ、気持ちが楽になったそうです。また、この家族がテーマを出した回では、他の家族からさまざまな意見や、ねぎらいの言葉が聞かれ、「現実の介護に沿った助言を聞くことができ、介護への励みになった」と感想を話されていました。参加を重ねるにつれて、事前に質問内容を用意したり、他の家族へ助言をする様子から、介護に対して前向きに取り組む姿勢がうかがえました。家族教室への参加を継続し、一年半を経た頃には、「無理せず自分にできることを見つけながら介護をし、義母には笑顔で接していきたい」と語られていました。

この事例では、参加家族の共感的態度や、経験をもとにした具体的な助言が効果的に作用した結果、エンパワメントが促され、介護に対する意識が前向きに変化していったと考えられます。

おわりに

現在行っているオープン形式の家族教室では、対象者を絞っていないことや毎回参加者が異なることもあり、十分なエビデンスが得られるような効果を検証するに至っていません。今後は、評価方法を含めて、プログラム内容を検討し、より効果的な実施方法を確立していく必要があると考えています。

[文献]
●後藤雅博(編)(一九九八)家族教室のすすめ方:心理教育的アプローチによる家族援助の実際、金剛出版.
●伊藤順一郎(監)(二〇〇九)心理社会的介入プログラム実施・普及ガイドラインに基づく心理教育の立ち上げ方・進め方ツールキットII:研修テキスト編.特定非営利活動法人地域精神保健福祉機構・コンボ.
●厚生労働省(二〇一五)認知症施策推進総合戦略:認知症高齢者等にやさしい地域づくりに向けて(新オレンジプラン)http://www.mhlw.go.jp/stf/houdou/0000072246.html
●松本一生(二〇〇六)家族と学ぶ認知症:介護者と支援者のためのガイドブック、金剛出版.
●心理教育・家族教室ネットワーク http://jnpf.net/
●矢吹知之(編)(二〇一五)認知症の人の家族支援:介護者支援に携わる人へ、ワールドプランニング.

Part.3

認知症の人を支える
家族支援としての
多職種連携

Chap.1 看護師の立場から

藍野病院地域医療連携センター
福岡裕行
あいの訪問看護ステーション
真古妙子
藍野病院看護部
石谷嘉章

はじめに

介護保険制度の利用により、家族介護の負担はずいぶん軽減されてきたように思います。しかし、認知症の人を介護する家族は、ご本人の意思を確認することが難しく、対応方法や症状の変化に悩みながら先の見えない不安と闘っている現状があります。厚生労働省による国民生活基礎調査の概況では、同居の主介護者について、日常生活での悩みやストレスの有無に「ある」と回答された方は六九・四%で、約七〇%もの方が悩みやストレスを抱えていることが明らかになっています。また、同回答を性別でみると、男性が六二・七%、女性が七二・四%で、女性のほうが悩みやストレスを抱えている人が多いことも明らかになっています。在宅看護は、主に地域に基盤を置き、個人と家族を対象に地域で展開される看護活動です。その際、個人と家庭に在宅看護がどのように到達しているかを評価するとともに、焦点を当てる対象者のニーズを満たすために、多職種と協働することが求められています。

そこで、本章では、介護者、ケアマネジャー、ケースワーカーを対象に行ったアンケート結果および事例を元に、認知症の人の家族支援について看護師の立場から考えてみたいと思います。なお、筆頭者が地域医療連携センターに異動となりましたが、本章は訪問看護ステーションでの関わりについてのものです。

1 アンケートについて

当院と訪問看護ステーションでは、認知症の人が、できるだけ住み慣れた地域で暮らせるように、本人とその介護者に対する医療とケアに力を入れており、認知症の人の家族支援における看護師の役割について考えるための基礎資料を得ることを目的としました。

対象は、アンケートへの協力に同意を得た認知症の人を在宅で介護している介護者九名、居宅支援事業所のケアマネジャー一一名、病院のケースワーカー九名としました。

調査方法は、全対象者に対して「認知症の人の家族支援において看護師に期待すること」についての自由記述による調査と、介護者に対してはザリット介護負担尺度短縮版（J-ZBI_8）、および在宅で介護をはじめてからの期間、主介護者の属性、同居の有無、要介護者の介護度について調査し、自由記述は質的分析にて概念化し、J-ZBI_8は基礎統計値を算出しました。

（1）アンケート結果：介護家族の視点

家族支援において看護師に期待する内容は概念の多数順に、「家族のこころのケア：五名」「相談：五名」

「看護実践：四名」でした。「介護者の健康にも目を向け、血圧や脈拍などを観察してほしい」「介護する側のことも聞いてほしい」などの意見もあり、家族自身が精神的・身体的な悩みを抱えていることがわかりました。また、「相談」では、「一人で判断できないことを相談できる」「患者のことと、私ども介護をする側のケアや対処の方法も聞けるので助かっている」という意見があり、「看護実践」では、「認知症の進行による諸症状を教えてもらえたらうれしい」「本人と向き合えていないため、本人の望むことを聞き取ってほしい」という意見がありました。これらの結果から、本人だけでなく家族も支援してほしいと希望されていることがわかりました。

⑵ アンケート結果：ケアマネジャーの視点

家族支援において看護師に期待する内容は概念の多数順に、「チームケア：一五名」「家族看護：一〇名」「ケアマネジャーに対してのコーディネート：九名」でした。「チームケア」では、「医療（医師）とケアマネジャー間の橋渡し」「ケアマネジャーと看護師との連携」「情報の共有」という意見がありました。「家族看護」では、「家族への声かけ」「ねぎらい」「理解を示す」「話をこまめに丁寧にしてほしい」という意見がみられ、「ケアマネジャーに対してのコーディネート」では、「医療のことで相談したい」「医療の視点をケアマネジャーに教えてほしい」「利用者の価値観や快と感じることなど、本人自身を掘り下げ、情報共有したい」という意見がみられました。これらの結果から、ケアマネジャーは、訪問看護師との情報の共有をケアプラン作成で重要視していることがわかりました。特に病院との橋渡しや利用者の体調に関する情報は、ケアプランを見直す上でも重要になるため、こまめな連絡が必要になると考えられました。

（3）アンケート結果：ケースワーカーの視点

家族支援において看護師に期待する内容は概念の多数順に、「家族指導：五名」「看護実践：四名」「看護師とケースワーカーの連携：三名」でした。「家族指導」では、「家族に対して認知症の教育を希望」「家族面談をもっと行ってほしい」という意見がみられました。これらの結果から、退院をスムーズに進め、認知症の人とその家族が自宅に帰ってからも困らずに生活できるようにしてほしいという思いが、反映されたものと考えられました。

（4）J-ZBI_8の調査結果

対象である介護者九名の属性は、妻二名、夫四名、長男一名、長女二名で、年齢は四九〜八一歳（平均六三・三歳）で、介護期間は一年半〜一〇年（平均五・一年）でした。

J-ZBI_8では、特に項目1「介護を受けている方の本人の行動に対し、困ってしまうと思うことはありますか」に対して、「いつも思う」が二二・二%、「よく思う」が三三・三%と高頻度にみられました。また、同項目が高得点である方を個別にみると認知症の行動・心理症状（BPSD）が出現している方が多く、その場合、他の項目の得点がいずれも高くなっており、BPSDが介護負担感に強く影響していることがわかりました。また、アルツハイマー病の母親を介護しているA氏は、J-ZBI_8の合計点が二七点と介護負担感が高く、BPSDの対応がわからず、困った末に研修会に参加して介護の知識を身につけようとされていました。さらに、若年性認知症の妻をもつB氏は、合計得点が二〇点と介護負担感が高く、妻の理解できない行動に対してイライラするため、強い口調で接していつも気持ちが休まらないと話していました。熊本ら（二〇〇四）は、J-ZBI_8において、一三点以上である人には、うつ症状がある可能性が高いことを明らかにしていますので、その点にも留意して関わる必要性があります。

2 事例：アルツハイマー病のC氏

C氏は、もの忘れ、家事やトイレの失敗があり、家族と喧嘩になるため部屋に閉じこもっておられました。当時、ヘルパーが訪問していましたが、少し話をする程度でケアを受け入れることはありませんでした。家族から、できればデイサービスに行ってほしいという相談を受けて訪問しました。

C氏は、カーテンを閉めた暗い自室で食事や寝起きをされ、部屋は食物の傷んだような臭いと排せつ物の臭いがしていました。本人は、「もう何の楽しみもない。ウロウロするとみんなに迷惑をかけるから、じっとしているんです」「家族とのやりとりの中でわかるんです。もう死んだほうがましです」と話されました。

そこで、まずC氏の話し相手になり、何でも気兼ねなく話せるように関わりました。はじめのうちは、「こんなに早く来てもらったら困る。しんどいです」と、目をつぶり寝てしまう日がほとんどでした。しかし、日を重ねるうちに畑作りや時代劇が好きだったことを教えてくださりました。その話をヒントに、時代劇の歴代俳優の写真を持って訪問しました。写真入りのカレンダーやうちわを作ると、とても喜んで大切にしてくださいました。体調の良い日にはシャワーや入浴を勧め、清潔面の支援も受け入れられるようになりました。次に、認知症対応型のデイサービスに誘い出しました。デイサービスには畑があり、すぐに気に入られました。「畑は何を植えるか知らんけど、まあ楽しいよね」と話されていました。デイサービスでは、ソファーでテレビを観たり、畑では収穫時期の野菜を早く採るよう声をかけられていました。家族は、「あの頃はどうしていいかわからなかった。もう限界でした。皆さんのおかげでデイサービスに行くようになって本当に良かった」と話されていました。

これまで、C氏と家族の思いを聞き、主治医、ケアマネジャー、ヘルパー、デイサービス、訪問看護師が集まって何度も話し合いをしました。その結果、C氏の暮らしを快適で楽しみのあるものにすることができました。C氏がデイサービスで楽しめるようになったことで、家族も安心できるようになり、本当に良かったと思います。この事例では、関わりのはじまりはご本人でした。関わりを深めていくうちに、実は家族がどうしてよいのかわからなくなっていたという現実を知ることができましたが、ご本人だけでなく、家族の思いを積極的に聞くことの大切さを改めて感じました。

おわりに

あるご家族からいただいたアンケートには、「教科書どおりのあくまでもマニュアル化された笑顔と声かけでコミュニケーションを図ることはやめてほしいです。認知症という病になってから初めて担当の看護師さんに会うことになりますが、看護師に出会う前、母は一生懸命生きてきました。困ってしまうようなことを言ったり、注射を拒否したりしますが、本当に心の底からやさしく接してやってほしいです。今日がダメなら、明日再チャレンジしてください」と書かれていました。

「患者の立場になって看護する」という言葉を看護学生時代に教わりました。しかし、認知症看護を展開する上では「家族の立場に立って看護する」ことも同時進行しなければならないと考えます。今後は、家族の介護負担感を早期に把握して支援できるようにしたいと考えています。最後にこの文章をまとめるにあたりご協力いただいた方々に感謝いたします。

［文献］

- 厚生労働省：平成二五年 国民生活基礎調査の概況. http://www.mhlw.go.jp/toukei/saikin/hw/k-tyosa/k-tyosa13/
- 熊本圭吾・荒井由美子・上田照子・鷲尾昌一（二〇〇四）日本語版Zarit介護負担尺度短縮版（J-ZBI_8）の交差妥当性の検討．日本老年医学会雑誌、41,204-210.

認知症の人を支える家族支援としての多職種連携 Part.3

Chap.2

作業療法士の立場から

巽病院訪問看護ステーション
高野直美
巽病院リハビリテーションセンター
小海朋子

1 作業療法とは

世界作業療法士連盟によると、「作業療法士はクライエント中心の保健医療専門職で、作業を通して健康と安心を促進する」と定義されており、作業療法士は身体や心に何か障壁があって生活のしづらさを感じている人の心や身体の回復をお手伝いし、その人固有の作業に結びつけていきます。つまり、機能が失われたり失っていく状態であっても、より良く生きるためにその人が必要としている、または、していきたい作業活動ができるように支援します。したがって、作業療法士の役割は、その人の存在に意味をもたらし、作業を通してその人の生活・今後の人生により良い影響を与えることにあります。

では作業とは何かというと、人が行う活動のことで、その人や周囲の人々にとって意味と価値のあることと定義されています。つまり、作業とは人が日常生活で行うすべての活動であり個人的、文化的に意味と価値が包含されたものです。トイレや食事、入浴、家事や趣味活動、友達とおしゃべりすることも作業です。意味と価値をもった作業をいかに生活のなかでできるかを見つけ出し、提供することが作業療法士の役割です。

2 作業療法士の認知症の人へのアプローチ

作業療法士は認知症の人へのアプローチとして他の専門職者同様、まずはその人を知ろうとします。同じ病名でも、その人が生きてきた人生は異なりますので、介入は多種多様となります。そこで、どのように生活され、何が好きで、何を大事に生きておられるか、その人にとって意味のある、または大事にされている作業は何かを探っていきます。面接や会話からや、興味チェックリスト、絵カード評価法などを使用し、その人がやりたい作業を一緒に探し目標を決めていきます。また、脳画像から判断して認知症の症状を推測したり、病名から脳機能の低下している部分を考え、そこからどのようなことに困難を感じ、どのような能力が発揮できるかをみていきます。さらにさまざまなアセスメントスケールから今の状態を確認していきます。

では、認知症の人が作業遂行をすることで、どのような効果が期待されるのでしょうか？　ご本人自身、認知機能が失われていく不安を漠然と抱えておられたり、今までのようにうまくできないことでやる気をなくされたり、また脳機能の低下により性格が変わったり、コミュニケーションがうまくとれず、家族につらくあたったりすることもあると思います。そこで、認知症の人の不安、混乱、焦りなどを軽減するため、人・環境・作業を調整していきます。そして作業などを通して能力を最大限に引き出すことで、心の安定を図り、モチベーションを高め、意欲につなげます。何かに意欲をもって取り組むことが、認知機能の低下を緩やかにしていくことが期待できます。それらのことにより、周辺症状の軽減がみられ、その人らしい生活が穏やかに続けられ、介護者との良い関係が継続できることを促していきます。なお、香山（二〇一一）による認知症の重症度に応じた作業療法の役割は、図1に示すとおりであり、重症度に応じた対応も大切になります。

3 訪問看護ステーションからの作業療法

現在、実施している訪問看護ステーションからの作業療法では、認知症のリハビリテーション（以下、リハビリ）の依頼は少なく、「動けなくなってきた」「骨折をしてリハビリして帰ってきたけどまだ動くことが心配」という依頼を受け訪問することが多いです。介護保険制度を利用されている方が多く、認知症と診断されていなくても、認知症予備軍から軽度認知症と考

認知症の重症度	軽度	中等度	重度
	発病期	精神症状多出期（幻覚・興奮など）	障害複合期
作業療法の役割	安心・安全の保障 →	→	→
	●症状の軽減 ●賦活（知的・認知機能の活性化） ●鎮静（不安・焦り・混乱の軽減） ●自信の回復 ●生活習慣の回復・改善	●残存知的機能の賦活 ●ストレスの発散 ●自己役割の再確認 ●ADLの維持 ●APDL・余暇活動の支援 ●対人交流、環境適応能力の維持	●生活リズムの維持 ●基本的ADLの保障（食事・排泄・保清） ●基本的体力の維持 ●合併症の予防（廃用症候群の予防）
	社会資源の紹介 →	生活環境の改善 →	→
	家族・介護支援 →	人的環境の整備 →	→

ADL：日常生活動作、APDL：日常生活関連動作

（出典：香山，2011．一部抜粋し改変）

図1）認知症の推移と各時期の作業療法の役割

えられる方、重度認知症と診断されベッドで寝た状態の方までおられます。

訪問では、毎回一対一でゆっくり時間をかけてご本人のお話が聞け、接することができることが良い点だと考えています。ご本人は話を聞いてもらい、共感してもらうことで安心されますし、いろいろなことを話すことで落ち着かれることもあります。会話のなかでは、ご本人が頑張ってこられてきた人生の振り返りを促し共感を示すことで、自尊心が高まったり、やる気や活気が向上したりします。そしてご本人のしたいことなどを聴きながら楽しく過ごせる作業活動を模索し、身体能力、認知機能を考え、作業の課題が難しすぎないように調整し、満足感が得られるようリハビリを進めていきます。

また、介護者は在宅介護を頑張り過ぎ疲弊されておられることもありますし、いろいろな悩みをもっておられることもありますので、介護者の話をしっかりと傾聴します。資料やパンフレットで情報提供しながら、家族だけで悩まないように困っていることを聴き、解決できる方法を一緒に考えます。そして、ご本人の今の認知機能や身体状態を客観的に伝えることで、介護者もいったん立ち止まって考える機会となり、介護者とご本人の橋渡し的な役割ができるように介入をしています。「今後どうなってしまうのか?」という不安がある場合は、診断名から今後の見通しをお伝えし、今のことだけでなく少し先の将来のことも一緒に考えていくことで、介護される時に精神的余裕をもってもらえたらと考えています。

さらに、身体機能を把握し、これらを踏まえて家の中で安全に暮らせるよう、福祉用具などの検討や提案もしていきます。訪問では高齢の方が多く、合併症をもっておられる割合が高いので、全身状態の把握もしていきます。血圧や脈拍、体温などのバイタルサインや浮腫など異常がないか、脱水や栄養失調になっていないか、ケガをしていないかなどを観察していきます。何か普段と異なっていることがあれば看護師に相談し、介護支援専門員に連絡をとり対応を検討しています。

4 多職種と連携した事例

Aさんは夜間に幻覚がみられ、昼夜逆転になり不穏状態が増え、食事を摂れないことも増えましたが、Aさんとご家族は食べることやトイレに行くことを大事にされていました。また、Aさんは歌うことが、それまでほとんどなかったようですが、作業療法士が来て一緒に歌を歌うことを楽しみにされていました。不穏時に家族と一緒に歌うと不穏状態が改善されることもあるようでした。夜間の不穏時の対応などは、さまざまな資料を家族に提示し対応を促しましたが改善は難しく、医師による薬物療法でも症状に変化はありませんでした。そこで、介護支援専門員に連絡し相談することで、認知症専門の医師に往診してもらうことになりました。また、当初は福祉用具事業者と相談し、トイレに手すりを取り付けることにより見守りでトイレ動作が可能でしたが、食事が摂れなくなり身体機能の低下からトイレに行くことが、ご本人や家族にとって負担が大きく、ポータブルトイレの導入を検討することになりました。さらに、食事は看護師と相談し栄養補助食品などを勧めることとなり、看護師が往診の医師に状況を伝え栄養補助食品が処方されました。その後、徐々に食事が摂れるようになり体力も改善され、トイレも自身で行けるようになられました。それでも不穏状態が治まることはなかったのですが、家族には精神的に落ち着く様子がみられました。

Bさんは重度のアルツハイマー病の人で、全介助の状態でした。作業療法士の介入時は、いつも怒っておられ、暴言もよく聞かれました。しかし家族が懸命に介護されていました。そこで、家族が最後まで介護して良かったと思える状態をつくりたいと考え、ご本人が安楽な姿勢がとれるよう身体の状態の改善や、車いすに崩れず座れるよう整えながら、Ｂさんと家族の間を取りもつ介入をしました。三人で一緒に歌を歌ったり、少なくなった発語から、話せる言葉を引き出したりしました。現在、Ｂさんは、笑顔がよくみられるようになり、認知症の進行で発語が減少していますが、促しで時々「ありがとう」と応じたり、穏やかな様子になられています。Ｂさんは全身状態が不安定になりやすく、看護師も介入していました。作業療法士の介入時にバイタルが不安定なこともあり、適宜、看護師と連携をとることでご本人の全身状態の安定と家族の心の安定にもつながり、それがご本人の精神的な安定にもつながったと考えています。また、生活が全体的に安定してきたため、介護支援専門員と相談しデイサービスの利用も開始し、そのことで家族にも時間的な余裕がみられるようになりました。認知症の進行により身体の機能が低下し車いすに安定して座れなくなっておられ、福祉用具事業者と相談しながら車いすの変更等を行い、介助方法を家族に伝え一緒に練習しました。家族の介助だけで車いすに座れるようになり、Ｂさんの活気向上がみられました。

おわりに

事例のＡさんは中等度の認知症の人で、特にご本人および家族が大事にされていたトイレと食事に関する日常生活動作（ＡＤＬ）や日常生活関連動作（ＡＰＤＬ）の維持について、多職種連携により改善がみられた事例ともいえます。また、Ｂさんは重度のアルツハイマー病の人で、とくに安楽な姿勢をつくり車いすに崩れず座れることを目標とし、多職種と連携することにより身体的、精神的に安定した事例ともいえます。

認知症の人への作業療法の役割として、訪問では看護師との連携はもちろん、介護支援専門員やデイサービス、ヘルパー、訪問入浴などさまざまな専門職者と連携していくことで、認知症の人やその家族が少しでも安心して楽しく暮らしていけるようにと考えています。また、認知症の人およびそれを支える家族を中心に、多職種といかに有効な連携をとるかを日頃から考えながら今後も寄り添っていきたいと考えています。

［文献］

- 香山明美（二〇一二）日本の認知症に対する作業療法．石川齊・古川宏（編集主幹）：図解作業療法技術ガイド第三版．文光堂、pp901-914.
- World Federation of Occupational Therapists（世界作業療法士連盟）http://www.wfot.org/

Chap.3

理学療法士の立場から

巽病院訪問看護ステーション
藤堂恵美子

1 認知症と理学療法士

理学療法の対象は、「身体に障害のある者」であり、理学療法士は「動作の専門家」であるといわれています。具体的な仕事の内容としては「寝返る、起き上がる、立ち上がる、歩くなどの日常生活を行う上で基本となる動作の改善を目指します。関節可動域の拡大、筋力強化、麻痺の回復、痛みの軽減など運動機能に直接働きかける治療法から、動作練習、歩行練習などの能力向上を目指す治療法まで、動作改善に必要な技術を用いて、日常生活の自立を目指します」と、日本理学療法士協会のホームページには記載されています。つまり、一般的にリハビリテーションと聞いてイメージされやすい、病気やケガをした人が立ったり歩いたりする練習は、多くの場合は理学療法士が行っています。

そのようなイメージが強いと、理学療法士が認知症の人を対象にリハビリテーションを行う機会はないと感じられるかもしれません。しかし、病気やケガは高齢者に多く、すでに認知症であった人や、入院中に認知症の症状が現れたといったケースが少なくありません。一方、入院等の経験はなく、徐々に動きづらくなってきたという時に、認知症が影響している場合もあります。このように、理学療法士の対象者には認知症を合併している人が含まれているため、認知症を考慮したアプローチは特別なことではありません。

また、前述のとおり理学療法士は動作改善に向けて「運動機能に直接働きかける」だけではなく「能力向上を目指す」ことも可能です。これは言い換えると、運動機能に大きな改善は認められなくても能力は向上できる可能性があるということです。この点について、次に述べていきたいと思います。

2 認知症と生活機能

世界保健機関(WHO)は二〇〇一年に、国際生活機能分類(ICF)を発表しました。これは、障害というマイナス面ではなくプラス面に着目しようという考えに基づいています。生活機能とは図1のとおり、健康状態、心身機能・身体構造、活動、参加、環境因子、個人因子の七項目から構成されており、すべての項目は双方向の矢印でつながっています。認知症の支援については、このICFの図を

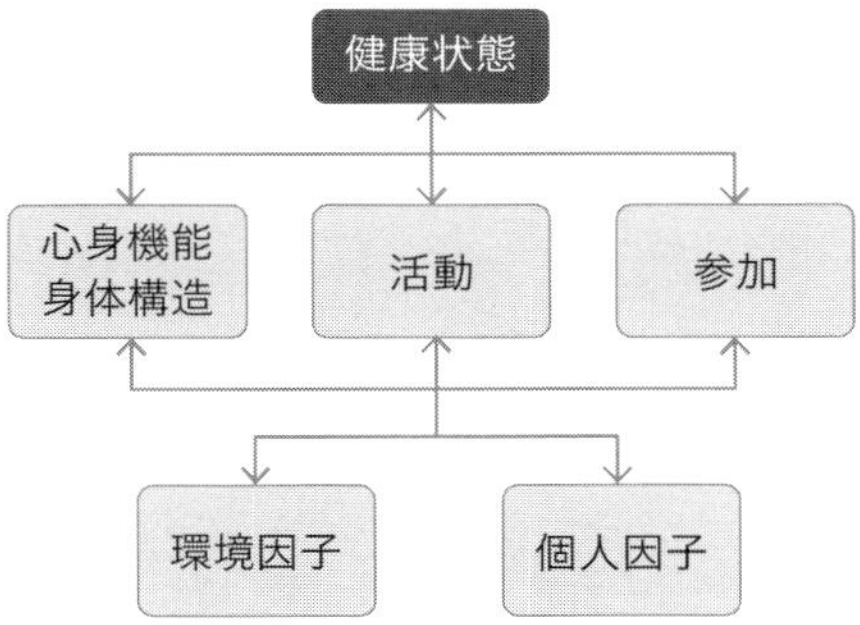

図1）国際生活機能分類（ICF）

用いると考えやすくなると思います。

例えば、認知症の症状の一つに記憶障害がありますが、出かける前の準備を忘れてしまうことや、友人との待ち合わせ日時を忘れてしまうことは、図2のように表すことができます。このままでは、友人との交流がなくなって閉じこもりになってしまうかもしれません。しかし、この問題に対して図3のように、準備の手順を記載したメモを掲示したり、カレンダーへ書き込んだりといった環境因子の工夫を行い、友人と約束どおりの日時に待ち合わせをして外出することができれば、認知症になっても友人と交流するという「参加」は可能です。これは筋力等の、「運動機能に直接働きかける」のではなく「計画を遂行する能力向上を目指す」アプローチです。そして、このアプローチは理学療法士だけでは実現できないため、ご家族や多職種の連携が重要であり、その関わりすべてがご本人にとっては環境因子の一部ということになります。

3 家族支援について

ご家族が環境因子の一部であるということは、ご家族の関わりに

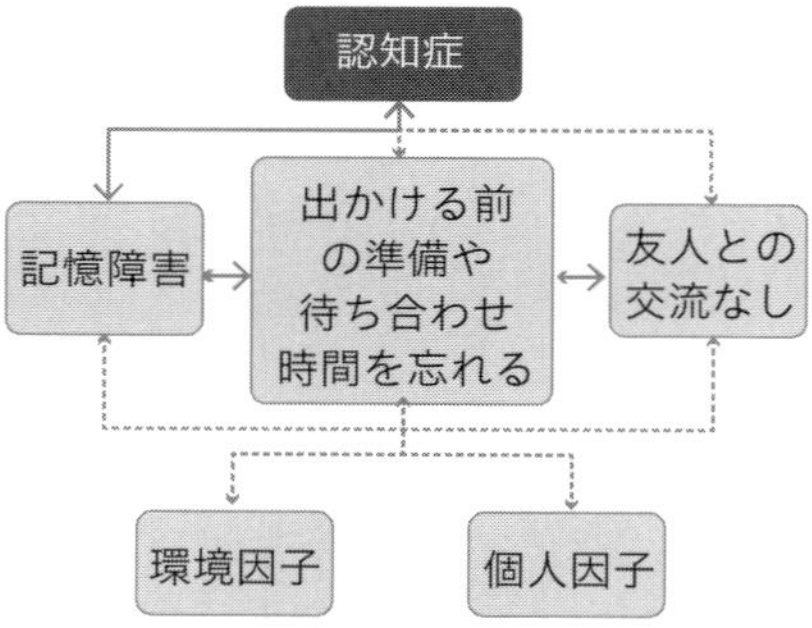

図2）認知症の人の生活障害例

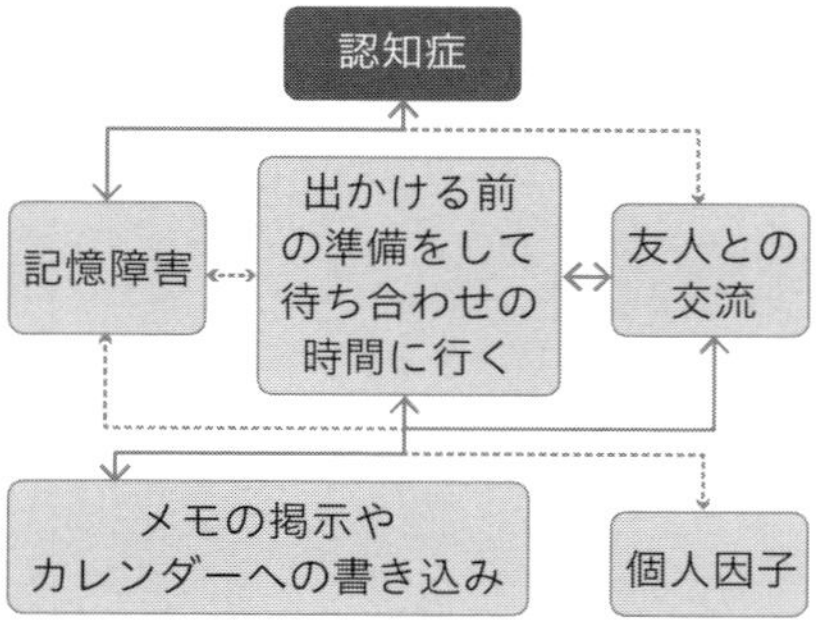

図3）認知症の人へのリハビリテーション例

よってご本人の活動や参加に変化をもたらすことができるということです。ご家族は、「歳だからしかたない」とか「認知症だからしかたない」と、ご本人ができなくなっていることに対して諦めてしまっている場合があります。しかし、理学療法士は客観的に、できないのは身体の機能が影響しているのか認知症が影響しているのかを判断（評価）し、本当にしかたがないのか、改善できる可能性はないのかを考えるようにしています。ただし、この際に注意しなければいけないことは、ご家族はすでに試行錯誤を重ねて現在の方法に至っておられたり、関わり方を変えることに抵抗があったり、介護に疲れておられたりするかもしれないということです。もし改善できる可能性が高かったとしても、できることが増えることは必ずしも良いこととは限らず、ご本人が一人で出かけようとしてしまうため今まで以上に目が離せなくなった、一人でやってしまったために転倒した等、介護の負担が増えてしまうことも考えられます。

具体的な例として、歩行が不安定となり、ご自宅のトイレまで一人で行くことが転倒する危険性を高めてしまう人へのアプローチについて考えてみます。まず、歩行の安定のために運動を行う方法がありますが、認知症の人は運動を理解することが難しいことが多いです。次に、ベッドのそばにポータブルトイレを置く方法が考えられますが、認知症の人にとってはポータブルトイレが「用を足す場所」として認識できないことが多々あります。この場合、ポータブルトイレが用を足す場所と認識できるようご家族や多職種が繰り返し促す方法が良いか、不安定ながらもトイレまで伝い歩きができる環境を整える方法が良いか等、複数の選択肢が考えられます。ここで重要なのは、理学療法士自身の考えを押しつけることなく、ご本人・ご家族の希望をしっかりと聴くことです。その上で複数の選択肢について利点・欠点を含めて説明し、ご家族に選んでもらうこと、そして、関わる多職種全員が同じ目標をもつことが欠かせません。

以上のように、ご家族と一緒に悩み、目標を考え、多職種でアプローチし、目標を達成するという関わりのすべてが、家族支援であると私は考えています。

[文献]

- 訪問リハビリテーションセンター清雅苑（編）（二〇一三）図説 訪問リハビリテーション：生活再建とQOL向上、三輪書店.
- 吉良健司（編著）（二〇〇七）はじめての訪問リハビリテーション、医学書院.
- 日本理学療法士協会ホームページ http://www.japanpt.or.jp/
- 世界保健機関（WHO）（二〇〇二）ICF国際生活機能分類：国際障害分類改訂版、中央法規.

Chap.4

言語聴覚士の立場から

巽病院訪問看護ステーション
吉﨑紫乃

1 言語聴覚士とは

私は訪問看護ステーションから在宅で過ごす方へのリハビリテーション（以下、リハビリ）を行っている言語聴覚士です。

言語聴覚士（以下、ST）とは「ことばによるコミュニケーションに問題のある方に専門的なサービスを提供し、自分らしい生活を構築できるよう支援する専門職です。また、摂食嚥下《えんげ》の問題にも対応します」と日本言語聴覚士協会ホームページには明記されています。つまり、脳梗塞などの脳血管障害やパーキンソン病などの神経、筋の変性疾患によって発症した失語症や構音障害、摂食嚥下障害の方へのリハビリを行います。他に聴覚障害、ことばの発達の遅れ、声や発音の障害などのリハビリも行います。発症したコミュニケーションの問題は人によってさまざまで、STは医師や歯科医師の指示のもとに検査・評価を行い、必要に応じて訓練、指導、助言その他援助を行います。

ＳＴの大半はリハビリテーション病院などの医療機関に所属しています。少しずつ、介護老人保健施設やデイサービスセンターなどの介護・福祉分野に在籍するＳＴも増えていますが、自宅へ訪問するＳＴはまだまだ少数です。

2 訪問事例

(1) 失語症の方で認知症の症状が出はじめた独居の方

軽度失語症を発症し、それに伴い少しずつ認知症状が現れたケースです。二〇〇X年脳出血を発症し、救急病院に搬送されました。聴覚的理解が低下する失語症を発症し、発症直後はことばを発することができず、名前も書けなかったようです。幸いにも上下肢に麻痺はみられず、日常生活動作（以下、ＡＤＬ）は自立していたため、約一カ月の入院加療で自宅に退院しました。見当識障害がみられ、日を伝えることが苦手でしたが、カレンダーを見ると迷いながらも正しい日を指すことはできました。会話は流暢に行えましたが、言い誤りがあるため聞き手が推測することが必要でした。ことばのリハビリを行いたいということで訪問が開始となりました。

訪問当初の会話では見当識の言い誤りはありましたが、カレンダーを正しく指せたり受け答えはしっかりと行えていたこともあり、認知症というよりも失語症による影響が強いと考え、これまでどおりジムへ通うことを目標に進めていました。

しかし、訪問回数が増えるにつれ、「財布がない」などの物盗られ妄想がみられるようになったと家族から相談を受けました。その後の訪問では、本人もそのようなことを言った覚えがあるようで、状況を説明しようとしていました。妄想などの症状が出ている時は頭がしめつけられるような感じがするとの訴えがありました。訪問時、血圧が不安定で、服薬の管理が本人では十分に行えていないことが推測されました。訪問中は失語症に対するリハビリよりは自由会話に重点をおいて本人の話を傾聴し、できるだけリラックスしてもらう環境をつくることを意識していました。しかし、気分が不安定な時は家族の話題になると表情が厳しくなっていたので話題を変えて気分を変えてもらうようにすることもありました。当初介護サービスの利用が訪問看護からのリハビリのみだったので、ケアマネジャーへの報告は密に行い、独居のため家族にはノートやメールを利用してもの忘れ外来への受診の促しや服薬管理のことを伝えていました。しかし、家族は誰に相談をしたらいいのかわからず、不安になっているようでした。その後、近医のもの忘れ外来を受診し認知症と診断され、今後のことを説明されたことにより家族は少し理解できたようでした。そして、介護サービスにデイサービスも追加され、少しずつご本人の不穏状態は落ち着いてきました。それでも、旅行へ行くなど不定期なことで不穏状態がみられたため、STのリハビリ中にご本人の発言や表情に変化がないかを察知し、ケアマネジャーや家族に伝えていくことが重要でした。

《2》家族の「経口《けいこう》（口から食べること）」に対する想いに向き合い、胃ろう（以下、PEG）へ移行した方

アルツハイマー病のため在宅療養中で、ADL低下により寝たきり状態になった方です。

在宅療養中の二〇〇X年に左下肢深部静脈血栓症を発症し、入院治療にて軽快しましたが、ADL低下により寝たきり状態となりました。同年三月より理学療法士（以下、PT）による訪問を開始し、一〇月よりST追加となりました。STの介入時より意思疎通は困難で、妻が食事・更衣・排せつすべてにおいて献身的に介護をしていました。食事は咬《こう》反射が強く、スプーンを噛んでしまうため約一時間かかっていました。STの立場から考えると三食の経口摂取は疲労が強くなってしまい、PEGなどの代替手段の活用が有効だと判断しました。妻は、本人が入院中にPEGを使用している方を見た際に、嫌悪感を抱き、「食べられなくなったら終わり」と思っていたため、口から食べること以外は考えていませんでした。咬反射が強いことと食物を喉に送り込むことには時間を要しましたが、飲み込むために必要な能力（嚥下反射）は残存していたため、まずは介助方法を見直して食事時間を短くすることができました。これにより本人と妻の疲労は大きく軽減できました。介助方法の変更から一年ほど経過した頃から、時々発熱がみられましたが服薬で解熱しました。STの訪問では、介助方法の確認や嚥下状態の確認を中心にポジショニング、歯列《しれつ》部分の脱感作《だつかんさ》（口腔内の緊張を緩和させること）を行いました。その際、妻のPEGへの嫌悪感や加齢による在宅生活の不安を傾聴し、PEGについての長所・短所を含めて説明を繰り返しました。また、その内容を主治医やケアマネジャー、看護師などの多職種に伝達しました。次第に妻の思いが「食べられなくなっても生きていてほしい」に変化していき、二〇〇X＋三年一〇月にPEGを造設しました。主栄養はPEGより摂取し、果物のすりつぶしたものなどを数口程度、間食として経口より摂取することを継続しています。

PEGを決断したことで、安全な食事に対しての受け入れができたとSTは考えましたが、妻は一日に少ししか食べない状態では嚥下状態が悪化するのではないかということが不安で、食べる回数や量を増やしたいという発言や行動がみられる時があります。しかし、以前よりもムセたり、吸引をする回数が増えていることもあり、継続的な指導が必要な状態と考えられます。

本人の意思表出が困難なため直接的に希望を知ることは難しく、家族の思いを傾聴しながら変化に応じた対応を行っていくことが定期的に訪問しているSTには必要で、施設とは異なる長期的な関わりが重要であると感じています。

(3) 最後まで在宅で生活してほしいと希望された方

重度のアルツハイマー病のため在宅療養中で、デイサービスやヘルパーなどさまざまな介護サービスを利用しながら生活している方です。声がだんだん小さくなってきたとのことで訪問が開始となりました。訪問時より意思疎通は困難でしたが、数を一緒に数えることは可能であったため、一緒に風船バレーなどで体を動かしたり、歌を歌うことで発声を促したりして、呼吸機能を活性化させました。このような呼吸機能に対してのアプローチは、嚥下機能面の基礎訓練となり得るので、発声訓練と誤嚥《ごえん》性肺炎の予防の両面に対してのプログラムを行いました。食事に関しては家族が工夫しており、当初はムセもなくしっかりと摂取できていました。訪問開始から四年ほど経過した頃から、加齢による嚥下機能の低下がみられるようになりました。食形態も少しずつミキサー食に変わっていきました。さらに排便コントロールや吸引指導が必要になってきたため看護師が加わりました。また、体の緊張もより高くなってきたためPTも加わりました。デイサービスやショートステイが困難になり、少しずつ日常生活の活動範囲が狭くなったため、家族は在宅での看取りを希望されました。STは食事や唾液嚥下の際の姿勢や、口腔内の清拭の方法を家族と多職種に伝達しました。最後まで経口摂取を行い、まったく食べることのできなくなった約一週間後に家族に見守られながら永眠となりました。

次第に看取りが現実味をおびてくると、家族は家で看取るか入所するかということで悩んでおられました。ヘルパーや看護師、ST、PT、ケアマネジャーなどがたびたび訪問することで悩みを打ち明けることができ、最後まで自宅で過ごさせたいという思いに変化したようです。デイサービスも通うことが難しいと判断されるまでは通われ、他者とつながるという刺激があり、歌が聞こえると手を打ってリズムをとっていたとのことです。STが訪問して声をかけると視線を合わせるなど反応がみられていました。その後、ご家族は「たくさんの方が訪問してくれてありがたかった。本人のための訪問ではあるけど、私のために来てもらっているような感じがしていた。急にその訪問がなくなったので寂しい感じがします。本人が亡くなって悲しみはあるけど、すがすがしい気持ちです」と話されていました。

おわりに

私が訪問している方は認知症に限らず、さまざまな方がおられます。利用者それぞれに合わせた対応が必要です。本人・家族を含めた周囲の方にいかに状況を理解してもらうか、またSTをはじめとして各職種はどれだけ迅速に変化に対応できるかが重要であると思っています。そのためには本人の希望や困っていることを傾聴するとともに、同席している家族の思いも傾聴し、どのように解決していくかを考えながらケアマネジャーなどの関連職種と連携をとっていくことが必要です。訪問中はSTの業務だけを行うのではなく、専門分野以外のことにも対応する必要があります。スムーズな家族支援や連携をとっていくためにはSTの役割だけでなく他職種への理解と認識、柔軟さが必要です。

［文献］

●訪問リハビリテーションセンター清雅苑（編）（二〇〇三）図説　訪問リハビリテーション：生活再建とQOL向上、三輪書店.

●吉良健司（編著）（二〇〇七）はじめての訪問リハビリテーション、医学書院.

●日本言語聴覚士協会ホームページ　http://www.jaslht.or.jp/

●吉﨑紫乃（二〇一六）箕面市多職種連携協議会　発表資料.

●吉﨑紫乃・高野直美・水野里枝・永未努ら（二〇一五）家族の「経口」への想いにどう向き合うか．第六回日本訪問リハビリテーション協会学術大会．P5-1-6.

Chap.5 社会福祉士の立場から

特別養護老人ホーム
潤生園
若松麗葉

はじめに

社会福祉士としてこれまでに経験した私の相談援助実践の場は、在宅で過ごす高齢者の日常生活の相談支援を行う在宅介護支援センターと地域包括支援センター、そして特別養護老人ホームの生活相談員としての立場でした。そこでは、来る日も来る日も認知症にまつわる事柄に対応していたといっても大げさではないでしょう。支援の対象を限定していない実践現場である生活困窮者自立相談支援の窓口でも、実は認知症にまつわる事柄と無縁に過ごすことはできないのです。現代の相談援助の現場は、直接にも間接にも認知症やそれから派生する生活課題を取り扱わざるを得ない社会の中に置かれているのかもしれません。

今回は、他職種との連携のあり様を社会福祉士の視点を通じて分解し、振り返る機会を与えられました。しかし、ここに述べることは、一人の実践を題材にしたにすぎず、合意形成された主張でも、集積された分析をまとめたものでもありません。

1 認知症ケアとしての家族支援

認知症の人の家族が、家族としての役割を期待できないことに遭遇することがあります。そのようなとき、対人援助専門職は、家族を支援の対象としてその家族に対して直接的な支援を考えることがあります。それは、当事者の生活環境をより安定的なものに整えることによって、生活課題が当事者に与える影響を減弱させたり、生活課題そのものを解決させたりすることがあるからです。

家族支援としてとらえるのは、「家族が認知症である」という衝撃的な事実を前に、一時的にパワーレスになってしまったり、認知症についての情報不足が発端となって良い対応ができなかったりしたときに、ご家族に目がけて支持的な対応をしていくことをイメージしています。

もし、認知症の人のご家族が、その方自身の疾患や障害によって生活課題を背負っていて、解決に向けて支援するのであれば、それは家族支援ではなくその方に対する支援であると考えます。同時に二つの支援が一つの家庭に存在するとき、認知症の人に対する支援とご家族に対する支援との調和をとるためのかみ合わせに配慮し続けることは、支援者側の円滑な業務運営のみならず、ご本人らの安定した日常生活にも不可欠な視点ではないでしょうか。認知症の人は、我々が考える以上に繊細で敏感です。自分の周囲での波長によって心身の調子が変化してもおかしくはありません。人生を共に過ごした家族と互いに影響し合っている面もあるでしょう。

家族の安寧が認知症の人の安心につながると思う故、私は、家族支援は認知症ケアの一部であると思うのです。

2 社会福祉士とは何者なのか

医者は病気やケガなどの治療を行う人。弁護士は法的な権利を代弁し擁護する人。理髪師は刃物を用いて毛髪を整える人。このような説明ができるほど、社会福祉士について簡潔に説明できません。ただ一つ、言えることがあるとすれば、これが国家資格の名称であるということでしょう。

一九八七年五月二一日に成立した「社会福祉士及び介護福祉士法」の第二条によれば、「社会福祉士は、社会福祉士の名称を用いて、専門的知識及び技術をもって、身体上もしくは精神上の障害があること又は環境上の理由により日常生活を営むのに支障がある者の福祉に関する相談に応じ、助言、指導、福祉サービスを提供するもの又は医師その他の保健医療サービスを提供するものその他の関係者との連絡および調整、その他の援助を行うことを業とする者をいう」とされています。ポイントは二つあり、一つ目は、国家試験合格後、登録を行っている人であること。そして、二つ目は、日常生活に困りごとを抱えている人が相談に訪れたら、どんな背景であれ、その相談内容に耳を傾け、解決に向けて必要な助言やときには指導したりすることや、具体的な福祉サービスを提供したりすることを仕事にしている人のことを社会福祉士と呼ぶと法律で定められました。もちろん、資格登録を行わずとも、もっと踏み込んでいえば、専門教育や職業訓練を受けなくても、この仕事はできてしまいます。法律で規定しているのは、このような内容の仕事をしているからといって社会福祉士を名乗ることはできないだけのことなのです。

では、社会福祉士は本当にそれだけを実践していればよいのでしょうか。私は、法律では対象と手段を定義したに過ぎないと思っています。本来、社会福祉士は同時にソーシャルワーカーである自覚が求められるのではないでしょうか。社会福祉士は、ソーシャルワークの知識と技術、価値をもち、当事者に対する支援だけでなく、だれもが脅かされない、暮らしよい社会の実現や正義を社会に働きかけていく使命を負っていると思うのです。

3 高齢者福祉分野での社会福祉士またはソーシャルワーカー

ところで、高齢者福祉分野での社会福祉士の立ち位置を簡単に振り返っておきたいと思います。名称独占資格の多い保健医療分野から見ると、違和感を否めないかもしれません。福祉分野、特に高齢者福祉の世界では、しばらく無資格従業が一般的でした。家庭で行われてきたお年寄りの世話を施設で他人が行うようになり、それがやがて一般化されてきて、ようやく他人の世話をすることを仕事とすることに一定の専門教育が必要ではないかと議論されるようになったのです。そのような背景で資格制度が整備されました。ほんの少し前まで、日本の高齢者福祉の現場は、寮母や寮父と呼ばれる専門職教育や職業訓練を経験していない施設職員が、一子相伝的な指導を受けながら高齢者介護や家族などの相談対応を担っていたのです。今日では、資格制度の浸透とともに、専門教育を受けて実践現場に就職する者の数も増加しています。

保健医療福祉分野の多くの専門職が中学や高校での教育を終え、専門教育を受けて資格を取得し、その業務にあたっていることとは大きな違いがあります。看護師や医師などを中心とした多くの専門職は、専門職としての歩みとその人自身の歩みをほぼ同時に、経験を纏うように成長するのに対し、認知症ケアの本拠地である高齢者福祉の現場には、さまざまな人生の背景をもった人が集まってきています。それまでの人生経験の中に専門知識を飲み込むかたちで専門職として成長していく、そのような違いがあるように思います。

4 「他」職種との連携を振り返り、「多」職種連携を考える

他の専門職と共に支援にあたると、どの専門家も自らのフィールドをきちんと主張できることに、圧倒されるばかりです。どこを自らのフィールドとして相談援助を展開し、どこを境界とするか具体的に言語的説明がしにくい社会福祉士の負けを認めざるを得なくなります。揺らぎや曖昧さを内在することを許したソーシャルワークの専門性の弱点ともいえます。

しかし、人の生活は、どんな場面も区分よく整理されるものでしょうか。どんなに完璧な社会保障制度をつくり上げても、そこに対象を定めた途端に、対象から漏れてしまう事例が生じるのではないでしょうか。狭間に陥った課題はどこにでもあるものです。ソーシャルワークがもつ境界の曖昧さはこういう分類のつかない課題を前に本領を発揮できるものです。

認知症ケアは、その必要が叫ばれて久しくなっていますが、常に新しい発想が要求される支援分野です。既存の概念だけでは勝負ができません。多様な着想や手法で支えていかねばなりません。専門職が自分たちの古い考えにとらわれずに、連帯して総力戦で臨まねば、認知症の人が人生を全うする支援は、実現不可能でしょう。職種ごとの役割のあり方や当事者たちへの近づき方のすり合わせは、オートマチックに収まるものでも、公式にあてはめれば一つの答えが導き出せるものでもありません。互いに相手の職種の作

法を知り、自らの殻を少し破って一歩でも、歩み寄ることが求められています。ここで、自分たちの職分はなどと主張していては新しい分野の支援には参戦できません。「このケースには必要だ」という見立てを得たら、一歩踏み込むことこそが多職種連携に求められる専門職の覚悟なのだと実感しています。

おわりに

正直に告白すれば、私は家族支援を主張する専門職が苦手です。家族のあり様を変容させることによって、当事者本人に専門職が描いたきれいな人生のレールを敷き直す強い圧力を感じるからです。苦難の多い人生があったとすれば、それを社会構造からとらえ直すことが私たち社会福祉士の仕事。それを認知症の人がそれまでに築いていた人間関係に関与して何とか支援したようなフリをするのは、潔くないと思います。うまくいかない人生を送ったり、うまくいかなさを嘆いたり、悩んだり、それが生きていくことなのです。我々は、目の前のその人の苦悩を受け止める、それができなくても受け止めようとする。そんなことくらいしかできないのでしょう。多様な専門職が関わるとき、それぞれの感度や関わりの切り口、興味関心が違うからこそ、わかりきることのないご本人やその家族をやっと立体的に受け止めることができるようになるのです。

他の専門職の主張もまずはすべて受け止める。ときには、衝突を恐れずに反論することもまた肝要でしょう。しかし、ご本人やその家族はそんな暑苦しい関与がなくとも、それぞれの家族のやり方で困難を乗り越えていくのかもしれません。専門職連携に不可欠なことは、何が目的であるかを忘れずに、考え続けることなのでしょう。

Chap.6

精神保健福祉士の立場から

医療法人三幸会
北山病院相談室
森田倫子
第二北山病院相談室
平山　司

はじめに

わが国の認知症有病者数は、二〇二五年には七〇〇万人を超えると予想されており、精神科病院の認知症入院患者数は一九九八年には二・七万人でしたが、二〇一一年には五・三万人と二万人増加している状況です。筆者が所属する精神科病院においても、主に統合失調症を中心とした精神疾患患者の治療を行ってきましたが、年々認知症の人の受診・入院の相談件数が増加しています。精神保健福祉士は、この増加する認知症の人の精神科医療ニーズの中で、忘れ去られがちな「生活者」としての視点を大切にし、支援に取り組んでいます。適切な医療が提供され、医療中心ではない生活へ戻る、そのためにはどういった力や連携が不可欠であるのか。本章では実践を通じて述べたいと思います。

1 精神科病院の現状

精神科病院につながってこられる認知症の人の特徴としては、暴言・暴力・徘徊などの認知症の行動と心理症状（BPSD）を有する方、認知症の確定診断を目的とする方が挙げられます。特に前者の場合、本人自身は認知症で生活に大きな支障をきたしていることへの理解が困難な方が多いです。次に家族の特徴としては、「介護負担による心身の疲弊」が挙げられます。特に精神科の入院が必要となった認知症の人やその家族は、入院に至るまでにたくさんの努力をしてこられています。それでも何ともしがたい状況となり、駆け込み寺のように精神科病院へ来られる方が少なくありません。そのような場合、家族は頑張りすぎて心身ともに疲弊しているため、再度本人と生活を共にし、介護するという余力は残っておらず、その上認知症の人の状態悪化時の記憶だけが強く残ることになります。また、頑張りすぎる期間が長いほど、家族自身の意欲や体力が回復しづらい状態となります。その結果、本人の入院が長期化してしまうという一つの要因があるといえます。

一方で精神科病院を取り巻く状況としては、二〇一四年四月施行された改正精神保健福祉法において医療保護入院者への退院支援の促進（退院後生活環境相談員の選任、医療保護入院者退院支援委員会の開催、地域支援事業者の紹介）が明文化され、国の大きな政策方針として早期の退院促進と社会的入院の解消が目指されているところです。認知症対策としては、厚生労働省が二〇一一年に公表した「新たな地域精神保健医療体制の構築に向けた検討チーム　第二ラウンド：認知症と精神科医療　とりまとめ」において、二〇二〇年度までに精神科病院に入院した認知症患者のうち五〇％に対して、退院するまでの期間を二カ月とする目標が提示されています。

精神科病院に入院される認知症の人はBPSDの治療目的の方が大半です。可能な限り早期に在宅・施設への退院を目指すことになりますが、特に在宅へ戻るためには介護保険サービスがあるとはいえ、家族の協力をなくして検討することは非常に困難となります。ただ、前述のように家族は疲弊し、パワーレスな状態であることが多く、特に在宅への退院を目指すためには本人の治療だけではなく、その家族の回復を支援していくことが重要な点となります。家族の回復には時間がかかることも多く、他科に比べ比較的治療スピードが緩やかである精神科の入院治療であるからこそ、家族にも寄り添った支援が可能になるといえるかもしれません。

2 精神保健福祉士の家族支援

あるケースで、どんな天候でも毎日決まった場所へ行くという常同行動がある本人を毎日追いかけて連れて帰るという生活をしていた家族がおられました。家族は本人が認知症の診断を受けておられなかったため、その行動が何なのか理解ができず、毎日を困惑した状態で過ごされていました。入院後、本人はもちろんですが、疲弊した家族に対しても院内の多職種でアプローチを行うことになります。まずは医師・看護師・精神保健福祉士等が家族の抱えてきたしんどさや苦労を傾聴し受け止め、これまでの介護やその苦労をねぎらうことから関係づくりを行います。また入院時のカンファレンスにおいて、家族の気持ちや状況、その時点での今後の意向を多職種で共有しておくことによって、全体像の把握はもちろんのこと、家族への対応統一を図ります。本人に対しての治療だけでなく、家族が安心して休養をとることができる関係・環境づくりがその後の家族支援の土台となるからです。検査・治療が進む中で、本人の状態像や病名が判明し、医師から家族へ説明を行うことになります。家族には、これまでの理解できない行動をとる本人から、「認知症という病を抱える本人」という認識の変化が生まれ、客観的に本人を理解する契機となります。本人の病状が改善し、落ち着いてきたことを家族とそのつど共有を図っていくことで、家族自身も今後の本人との生活に期待をもてるようになり、家族自身の活力が出てくるようになります。

本ケースの家族も同様でした。しかし、「また入院する前のようなことが起きたらどうしよう」「家族だけで対応していくことが不安だ」といった在宅生活上での不安はついて回り、なかなか解消できるものではありません。退院後の不安材料に対し病院スタッフのみで対応していくことは不可能であり、退院後の生活を支える社会資源との連携が必須となります。本ケースでは、入院前に介護保険サービス等の利用はなく、家族の社会資源への知識も少なかったため、精神保健福祉士から説明の上、要介護認定を受けることとなり、精神保健福祉士から地域包括支援センターへ連絡を行い、初めて精神科病院以外の社会資源とつながりをもつことになりました。退院後に関わることになる支援者を含めたカンファレンスを開催し、情報の共有、役割の確認、顔の見える関係づくりを行う中で、家族からは今後について前向きな発言が聞かれ、社会資源を利用した在宅生活のイメージを具体的にもつことができるようになっていました。この段階までくると、家族は早期の退院を希望するようになりました。さらに、入院当初からの家族への心理的サポートが奏功し、本人の在宅支援体制の構築ができたケースでもあります。入院時の家族は「本人の行動は何が原因なのか。良くなるものなのか」「自分たち家族だけで今後も対処していけるものなのか」

という不安の訴えが強くありました。その中身は「本人への治療・確定診断」「病気（対処）への理解・対応力の向上」「支援（つながり）の希求」の三つが中核にあったといえます。これらはどのケースにも共通するものと感じています。しかし、これらを家族のニーズとして支援者自身がくみ取っているのかどうか。支援者の視点や姿勢によってはそのニーズを「家族支援」につなぐことができません。同様に多職種連携によるアプローチも、ニーズをくみ取ることを前提として成り立つものだと考えています。

3 家族支援の重要性

そもそも家族というのは、「支援者としての家族」「生活者としての家族」の側面があります。私たちは前者の家族機能を期待することが多いですが、後者の生活者としての側面にどこまで焦点を当てて支援を考えることができているのか、常に問いかけています。家族の中には仕事や家事・育児を抱えている方がおられたり、家族自身が病気で治療中の場合もあります。生活者としての家族がうまく機能していなければ、支援者としての機能を求めることは困難です。私たちは支援専門職として、家族の心身の状態、社会的背景、現在置かれている状況などを適切にアセスメントし、家族にアプローチを行う必要があります。家族の抱える課題によっては一つの支援機関だけでは対処が難しいこともあります。時に専門の支援機関へつなぐなど、本人だけではなく家族への支援体制も構築し、本人・家族を取り巻く一大支援ネットワークが必要となる場合もあります。

家族の核家族化・共働きでの育児や介護との両立など、雇用体制の問題やその他広く社会全体での課題に対しては、支援専門職として現状の課題と変容の必要性について社会に対して声を挙げていくことも大切な家族支援といえます。つまり、家族の生活課題が複雑化すればするほど、多種多様な職種、支援機関との連携が必要になるといえます。この連携の輪をつくれるかどうかは、支援専門職が家族の生活に焦点を当て、その支援に重きを置けるかどうかが重要だと考えられます。

おわりに

現状、国の患者調査からもわかるように精神科病院へ入院される認知症の人の約半数は六カ月以内の退院ができない状況です。前述したように、家族は在宅で頑張って頑張りぬいた末に駆け込み寺のように精神科病院へ来られる方が少なくありません。

精神科病院に所属する精神保健福祉士としては、もっと早い段階で関わることができていたなら、本人・家族の生活に、その選択に変化をもたらすことができたと感じることも多くあります。

昨今では、認知症を取り上げた各種マスメディアや認知症について学ぶ機会も増え、社会において、認知症自体は耳なじみのある存在になってきたと思います。

最後の駆け込み寺ではなく、認知症の確定診断をはじめとした初期段階から精神科病院と精神保健福祉士が支援チームに入る体制が進み、身近な存在と認識していただけるようにしなければならないと感じています。本章を通じて精神科病院や精神保健福祉士を、自分らしく、その人らしく暮らしていくための、一つの有効な手段として認識していただければ幸いです。

［文献］

●厚生労働省（二〇〇八・二〇一一）「患者調査」.
●厚生労働省（二〇一一）新たな地域精神保健医療体制の構築に向けた検討チーム　第二ラウンド：認知症と精神科医療 とりまとめ.・
●大島巌（二〇一〇）なぜ家族支援か：「援助者としての家族」支援から、「生活者としての家族」支援、そして家族のリカバリー支援へ、精神科臨床サービス、10,6-11.
●矢吹知之（編）（二〇一五）認知症の人への家族支援：介護者支援に携わる人へ、ワールドプランニング.

Chap.7
介護福祉士の立場から

松本短期大学
介護福祉学科
吉藤　郁

はじめに

認知症の人ご本人は、価値のある人として周囲から認められ尊重され、一人ひとりの個性に応じたケアを受ける権利があります。また、ご家族についても同様のことがいえます。

この章では、まず認知症の人ご本人を支える介護福祉士およびご家族、家族介護者について述べた上で、家族介護者の多様な側面について、Twigg & Atkinによる四つのモデルに沿いながら述べていきます。また、それを踏まえ、ご本人、ご家族が共に幸せであるために介護福祉士はどう支えるのか、またそれに必要な多職種連携について述べていきます。

1 介護福祉士について

介護福祉士は、生活という切れ目のない時間と空間の中で、介護を必要とする人とその家族が、主体的に生きて活動できるよう支えていく職種です。「生活支援」は、医療・福祉に関わるあらゆる対人援助職種の共通目標ですが、介護職が行う生活支援の特徴について、諏訪（二〇一六）は、①利用者の生活に関わる回数の多さ、時間的な長さ、関わる生活場面の幅広さ、②生活支援の焦点が一つひとつの具体的な生活場面・生活行為に置かれ、一日一日の生活を積み上げていくかたちの支援である、③介護職の支援が他職種の支援を生活の中で実現するポジションにある、④利用者の生活や願いを最も知りうる立場にあるため、利用者の意思をチームに伝える（代弁する）役割がある、としています。介護福祉士は名称独占の国家資格ですが、介護福祉士資格をもっていなくても介護職員として働くことができます。そこで、ここでは、介護福祉士を介護職員と読み替えていただいてもいいでしょう。

2 家族および家族介護者

家族とは、森岡・望月（一九九七）によれば「夫婦・親子・きょうだいなど少数の近親者を主要な成員とし、成員相互の深い感情的かかわりあいで結ばれた、幸福（well-being）追求の集団」です。一つの集団としてwell-beingな状態になることが期待されています。さらに、家族を構成する一人ひとりにおいても、それぞれの人生において実現したい願いや果たしたい役割があり、その実現に向け、それぞれの生活を営んでいくことが期待されています。これは認知症のある人を介護するご家族も同じです。しかしながら、ケアを引き受けた家族はその役割を果たすことが自分の責任だと感じ、それ以外の役割や願いを表に出しにくくなることが懸念されます。

介護をしている家族をどのようにとらえるのかについて、Twigg & Atkin（一九九四）が述べるケアラーのさまざまな側面（四つのモデル）が役に立つと考えます。これは、①社会資源としての介護者（carers as resources）、②共に介護する介護者（carers as co-workers）、③支援の対象としての介護者（carers as co-clients）、④介護者を超えた介護者（the supersed carers）というものです。家族にはさまざまな側面があることを支援者は常に心に留めておく必要があります。

3 認知症の人を支える家族との関わりと多職種連携

(1) 社会資源としての介護者

家族は認知症の人ご本人に何らかの介護を行っており、そこに社会的なサービスを利用することにより、介護福祉士という専門職が加わります。家族は、認知症になる前からご本人と暮らし、ご本人について、多くのことを知っています。介護福祉士は、認知症の人の行動や気持ちを理解しようと、家族からその人の生活スタイルや生活歴、また性格傾向などを聞いていきます。さらに、その人の潜在的な力をみつけようと、得意なことや好きなことなども聞いていきます。家族を、認知症の人を支える社会資源としてとらえているのです。ここでご家族はあらためて、認知症の人ご本人を発見することになります。認知症になる前の思い出などを語ることにより、情緒的なつながりを確認できます。家族のもつ介護力を高めることにつながるのではないでしょうか。このご本人の生活や家族とのつながりについて、他の職種に丁寧に伝えていくことは、認知症の人やご家族の強さの発見につながり、今後の支援に役立つと考えます。

(2) 共に介護する人としての介護者

今まで家族が行ってきた介護をすべて介護福祉士にバトンタッチすることはまれで、ある一部分を介護福祉士が行うといったかたちで介護が継続します。例えば在宅で家族と生活をするご本人が通所系のサービスを利用します。日中はデイサービスで介護福祉士等による介護を受け、それ以外は自宅で家族の介護を受けながら過ごされるということです。ご家族が行っている介護を身近で見ながら、時間や内容により役割を分担します。ご家族は、積極的に介護者の役割を引き受ける人もいますが、「介護するのは子どもの役目である」といった選択の余地がない状態で介護をされている人もいます。どのような気持ちで介護を引き受けられているのか、共に介護をする人として、例えばデイサービスの送迎の時に、ご家族の様子をみる、静かにご家族の気持ちを聴く、そして今ご家族が行っている介護が価値あることだと伝えていくことが、介護福祉士としてできることではないでしょうか。

(3) 支援の対象としての介護者

介護福祉士が支援の対象としてご家族をみる場面は二つあります。一つ目は介護の方法について、アドバイスを行う教育的な意味をもつ場面、二つ目は介護負担が強くなっている場合に介護負担を軽減するという介入の場面です。

一つ目の場面では、注意すべきは、ご家族の方がご自身で工夫された介護方法について、最初から否定をしないことです。ご自身で工夫された介護方法は、家族の生活スタイルとも密着につながっています。ナラティブな語りで得られたそれぞれの家族の生活スタイルを理解し、それを他の職種に伝える役割があります。その上で、ご本人とご家族の関わりの中で困っていることについて、具体的な行動を提案する、ご家族がそれを行った時にはそれについて賞賛するなど、モデリングとフィードバックを繰り返していくことが教育的な場面では重要です。どのモデルを見せるのか、どの点をフィードバックしていくかについて、認知症の症状や家族の状況を踏まえ、他の職種の方と十分に話をすることが、効果的な支援をすることにつながります。

二つ目の場面では、まずご家族がどれぐらい負担を感じているか、気がつくことが重要です。ご家族は、介護をしていることについて、喜びや満足感を得る一方、不安や体の疲れ、時間的な拘束、精神的負担を感じます。これについて、一番気がつく機会が多いのが介護福祉士です。ご家族の声の調子や話の内容、顔色や体の動きに十分に注意を払い、休息がとれているか、気持ちが不安定になっていないか等、日々の会話の中からキャッチしていきます。ご家族の負担が重くなっている時に共感的な態度で話を聴き、負担感を軽減することは当然のことですが、ご家族の現在の状態を他の専門職に伝える責任があります。早い段階で複数の職種でアセスメントすることは、効果的な介入につながります。

(4) 介護者を超えた介護者

家族はwell-beingを追求する集団であり、また一人ひとりの成員もそれぞれの願いや役割を追求していくことは冒頭にも述べました。家族が介護者という役割を引き受けるか引き受けないか選択できるようにする、時には介護者にならないよう介護という役割から離れてもらう、一人の人格のある人として社会に参加できるよう支援していくことが大切であると考えます。その介護という役割を誰がどのように引き受けるのか、また、その介護という役割を家族が手放すことへの罪悪感をどのようにフォローしていくのか、まさに多職種連携が必要になります。介護の引き受け手である介護福祉士は家族イコール介護者といった視点を離れ、ご本人とご家族それぞれのwell-beingを考えていきます。

おわりに

介護福祉士は、ご本人と家族の日々の生活行為を丁寧に支援しながら、ご本人と家族の強さを発見することを得意としています。他の専門職の得意としていることを知る、そして自分たちの得意なことを、本人を中心とした多職種のチームにどのように活かしていくのか常に考える、その積み重ねが良い支援につながると考えます。

［文献］

- 森岡清美・望月嵩（一九九七）新しい家族社会学、培風館.
- 諏訪徹（二〇一六）介護福祉士による生活支援の考え方. 介護福祉、101, 21-29.
- Twigg J, Atkin K(1994)Carers perceived: policy and practice in informal care, Open University Press, Buckingham and Philadelphia.

Chap.8

介護支援専門員の立場から

公益社団法人
京都府介護支援専門員会会長
／医療法人三幸会
生活サポートセンター部長
井上　基

はじめに

介護支援専門員は家族を含む利用者の生活全体を支援の対象とするため、認知症の人への支援と家族支援を切り離して考えることはできません。また、国は「地域包括ケアシステム」の構築を推進していますが、医療・介護・生活支援など多様なサービスが一体的に提供されるためには、担い手である多職種の連携が必須です。特に認知症ケアでは、認知症という疾患に対する医療サービスと、そこから生じる生活障害に対する介護サービスとが十分な連携の元に提供される必要があり、医療と介護の連携が重要となります。

そこで、本章では、まず認知症ケアにおける「介護支援専門員にとっての家族支援」について述べ、次にその家族支援に資する「多職種連携のあり方」について触れていきます。

1 介護支援専門員と家族支援

（1）介護支援専門員にとっての家族

介護支援専門員にとっての「家族」を、①要介護者への介護の担い手としての存在、②援助を受ける対象者としての存在、の二つに分類してみたいと思います。

介護支援専門員にとって①の役割を担う家族はとても大きな存在です。キーパーソンとしての役割にはじまり、特に同居している家族には介護の直接的な担い手としての役割を求めることも多いでしょう。また、介護保険等フォーマルなサービスの隙間を埋める役割は家族が担わざるを得ない現実もあります。認知症の人であって判断能力が低下している場合には、成年後見制度等を利用することなく、家族に判断の補助や代行の役割を安易に期待している側面もあります。

一方で介護支援専門員は②の視点をもち、家族の抱える課題や必要とする援助を把握する必要がありま す。この場合の課題や必要な援助は、介護者が自覚や言語化できているものばかりとは限りません。誰もが大きな課題はなく良い介護ができていると感じていたとしても、実際には潜在化したストレスが存在する可能性があります。

介護支援専門員は、アセスメントやモニタリングの中で利用者と同じように家族の生活にも焦点を当て、家族の生活史、家族の望む暮らし、家族にとっての自己実現とは何かなどを把握していきます。介護をしながらであっても自らの生活を諦めることなく自己実現するために一緒に考える存在であることを、家族に対して明確に伝えていくことが大切です。

《2》利用者本位と家族支援

介護支援専門員として時に悩むのが、ご本人と家族の意向が食い違う場面です。例えば、ショートステイの利用をめぐり、不安が強くショートステイを利用したくないご本人、介護負担軽減のため積極的にショートステイを利用したいと願う家族の狭間に立ち、介護支援専門員はどのような対応をするべきなのでしょうか。

介護保険法の理念のとおり、利用者本位としてあくまでもご本人の意向を尊重するべきなのか？　それとも家族支援として、あるいは、ご本人の在宅生活を継続するためにも家族の介護負担軽減は不可欠との判断に基づいて家族の意向を優先させるべきなのか？　これは倫理的ジレンマと呼ばれる非常に悩ましい問題であり、利用者・家族の味方という単純なアプローチで解決できるものではありません。このような場合、筆者自身は以下のような手順をとるようにしています。

まずは、ご本人の意向をより具体的に把握します。「ショートステイの利用に対する不安」という大枠でのとらえ方ではなく、ショートステイの具体的な印象は？　何に不安を感じているのか？　どうすれば不安は解消されるのか？　など時間をかけて聴き取りをします。当然のことですが、認知症の人などから想いを引き出すためには信頼関係を構築するための普段からの関わり、面接技法の研鑽、認知症ケアについての知識習得なども必要です。

次に、介護者である家族の意向にも同様の対応をします。なぜ、ショートステイを希望しているのか？

負担の大きい具体的な内容は？　医療・介護のアプローチは十分になされ、その結果は効果的であったのか？　などです。

最後に専門職としての介護支援専門員自身の見立てを示し、ご本人、家族の意向と丁寧にすり合わせをしていくことになります。ご本人にとっての幸せと家族にとっての幸せのために、ご本人と家族がお互いに折り合いをつけていくプロセスを支援する作業です。この場合、介護支援専門員自身の価値観の押し付けとならないようサービス担当者会議などを活用し、多角的にとらえる視点も重要です。

倫理的ジレンマへの対応は、理論の学びだけで解決できるものではありません。相応の倫理的判断ができるような訓練が必要です。事業所・法人の枠を超えて同じ専門職同士で議論できる場として職能団体への積極的参画が求められます。

2 介護支援専門員にとっての多職種連携

(1) 多職種連携について

介護支援専門員が連携するべき多職種とは医療や介護などの専門職だけでなく、地域ボランティアや自治会役員など、インフォーマルサービスの担い手なども広く含まれると考えてよいと思います。

認知症ケアにおいては、医療と介護が一体的に提供されるようなマネジメントが必須ですし、若年性認知症の人への支援では、医療・介護に加えて障害サービス等の活用も求められます。地域の中で多職種連携のカギとなるのは「地域ケア会議」です。地域ケア会議は、医療・介護・インフォーマルサービスの担い手も含めた多職種の参加が見込まれます。介護支援専門員には、地域包括支援センターからの要請に応じて受動的に参加するだけではなく、多職種が参集する貴重な場を積極的に活用する姿勢が求められます。

《2》医療との連携

「地域包括支援センター業務マニュアル（二〇一一年六月）」では、医療と介護の連携のためには正確で迅速な情報の共有が不可欠であり、その実現のためには「使用言語の統一」「情報共有方法の合意」「情報提供書式の共通化」などが必要とされています。

京都府ではすでにさまざまな連携ツールが運用されています。例えば、「居宅介護支援計画連絡票」「入院時情報連携加算における情報提供用紙」「『私の』あんしん覚書き」「初回連絡票『私がケアマネジャーです』」など多岐にわたり、すべてのツールを収録した「介護保険関係情報DVD－ROM」は公益社団法人京都府介護支援専門員会（http://www.kyotocm.jp/）より購入することもできます。また、「平成二七年度老人保健健康増進等事業　認知症の医療介護連携、情報共有ツールの開発に関する調査研究事業報告書」にて提案をされた「認知症ケアパス連携シート」は、介護支援専門員や医師の協力を得て実証実験が実施され、その有用性が確認されています。特定非営利活動法人オレンジコモンズのホームページ（http://orangecommons.jimdo.com/）からダウンロードが可能です。

おわりに

最後に連携における留意点を示しておきます。すべての連携の基本はお互いの立場や職務内容についての相互理解と専門性の尊重です。前述したように連携のためにさまざまなツールがありますが、これらは便利で有用な反面、陥りやすい問題点もあります。

あるかかりつけ医は、まったく面識のない介護支援専門員から突然FAXでターミナル期の利用者の余命を教えてほしいと連絡が入ったことに憤っていました。このFAXとは前述した「居宅介護支援計画連絡票」を指しているのですが、まったく面識がない医師と最初に連絡をとる場合、特に利用者の病状等センシティブな情報をやりとりするにあたっては事前に連絡を入れておく等の配慮が本来あってしかるべきでしょう。すでに使い古された言葉かもしれませんが、やはり〝顔の見える関係が、顔が見えなくても通じる関係につながる〟のです。もちろん、これは各連携ツール運用上のルールによります。連携をとる際のマナーなども含めたルールは、地域ごとに、医師会、行政、地域包括支援センター、介護支援専門員の職能団体等で協議する場を設けて取り決めておく必要があります。

[文献]

●一般財団法人長寿社会開発センター（二〇一一）地域包括支援センター業務マニュアル．

●介護支援専門員実務研修テキスト作成委員会（二〇一二）［五訂］介護支援専門員実務研修テキスト、一般財団法人長寿社会開発センター．

●国立大学法人京都大学（二〇一六）平成二七年度老人保健健康増進等事業　認知症の医療介護連携、情報共有ツールの開発に関する調査研究事業報告書．

●社団法人京都府介護支援専門員会（二〇一二）主任介護支援専門員ハンドブック　ステップアップのための育成・実践ツール、中央法規出版．

Chap.9

成年後見人の立場から

京都社会福祉士会
ぱあとなあ京都
上林里佳

はじめに

わが国は超高齢社会となるのに伴い、認知症で財産管理や暮らしの選択が難しくなる人が増え、時には詐欺や不利益な契約、親族からの金銭搾取などを被ることがあり、家族や、医療、介護の支援だけではとても支えきれない現状があります。さらに今後も深まっていく可能性があります。そのために不利益な契約を取り消したり、同意しなかったり、適切な財産管理や身上監護を行う成年後見制度の利用がますます重要になってきています。

そこで本章では、多職種の支援者の中の成年後見人などが、地域の認知症の人を家族とともに、もしくは家族の代わりに財産や生活を支えている実際、思い、今後の方向性について事例を交えて紹介し、認知症の人や家族にとっての成年後見制度の必要性や課題、これから求められることを考えたいと思います。

1 成年後見制度について

成年後見制度とは、認知症や知的・精神障害等によって、物事を判断する能力が十分でない方について の法律行為や財産管理などをする時に、不利益が生じることがないよう、人間として尊厳を保つことができるよう、法律面、生活面で支援をする制度です。任意後見制度と法定後見制度とがあり、法定後見制度は、「後見」「保佐」「補助」の三つに分かれており、判断能力の程度など本人の事情に応じて制度を選べ、家庭裁判所によって選ばれた成年後見人などが、本人の利益を考えながら、本人を代理して契約などの法律行為をしたり、本人が自分で法律行為をする時に同意を与えたり、本人の同意なく行われた不利益な法律行為を後から取り消したりすることで本人を保護・支援します（法務省ホームページより一部改変）。

2 専門職後見人の多職種連携の実際

●事例「あらゆる消費者被害にあっていたAさん：本人と家族を共に支える」

Aさんは、八〇歳代の未婚の男性で独居。七〇歳頃まで就労していましたが、現在は年金月額一九万円といくらかの預貯金があり、身内は姉二人が近隣の他県に住んでいました。

主治医のB医師が、Aさんに認知症があることから、近くの地域包括支援センター（以下、包括）へ相談し、相談員が自宅を訪問し、自宅で浄水器、高機能インターフォン、埃のかぶったパソコンとDVD、山積みの書類などを発見しました。Aさんは、それらのすべてに理解ができず、通帳も所在が不明でした。

その場で家族の連絡先を探し、Aさんの了解を得て長姉宅へ連絡し、一週間後に再度同行訪問を依頼しました。相談員は包括内、主治医へも報告し、医師よりアルツハイマー病の進行があり、成年後見制度と介護保険にてサービスを利用することが必要との意見をいただきました。

一週間後、相談員はAさん宅へ訪問し、Aさんの姉二人と会い、前述の品々と書類関係を整理し、通帳や印鑑などを探し記帳しました。通帳の取引経過から使途不明金が続出しましたが、Aさんには覚えがなく、郵便物からは他の資産もあることがわかりましたが、通帳はありませんでした。Aさんは「よくわからんけど、姉の言うようにする。田舎はええけど、私はここにいたい」と言い、長姉は「弟を田舎に連れて帰ると助け合える。でも弟はこの家が大好きで、他へは行かないと言う。ここは田舎から遠すぎて一カ月に一回来るのがやっと。これ以上詐欺にあわせたくない。私たちの代わりに守ってくれる人と介護保険も頼みたい」と言われました。

Aさんと姉二人に、医師や包括などでは本人の財産や暮らしを守り切ることはできず、成年後見制度を利用することで、本人や家族も安心して暮らせるなどの内容を伝え、了解してもらいました。念のため、親族を交え協議後、返答をもらうこととなりました。

そんな矢先、Aさんの隣家から包括へ緊急連絡があり、「Aさん宅の屋根に変な業者が上って工事している。止めてもやめない。お姉さんには連絡したけど、すぐに来られない。どうしよう」と聞き、相談員が駆けつけましたが業者は逃げた後で、隣家の方が「この人には成年後見人がついているんや」ととっさに大きな声で言ったら、業者は逃げるように帰って行ったとのことでした。

そこで、相談員はAさんの長姉と連絡をとり、状況を説明しました。長姉は「皆で相談した。弟を成年後見制度で守ってほしい。何とか包括さんで法律にも強い専門家を探してほしい。介護保険もお願いする」と依頼され、相談員は京都弁護士会の地域包括専用ダイヤルへ連絡し、C弁護士に状況を説明し、自宅への訪問を依頼、了解を得ました。

一週間後、Aさん宅に姉二人、相談員、C弁護士が集まった際、成年後見制度を申し込まれました。一緒に通帳などを探し、合計で数千万円以上の資産があることが判明し、すでに浄水器には数十万円を使っていましたが、新たな浄水器の購入予定を止めることができました。インターフォンには複数の見知らぬ人が録画されており、Aさんは「この人は親切な人や」と言われていました。C弁護士は、Aさんの手元に少額の金銭の入った通帳と当面必要な現金を残し、他の通帳や印鑑などを持ち帰り、詐欺被害にこれ以上あわないように手続きを進めました。

ほどなく、介護保険で要介護の認定がおり、ケアマネジャーが、デイサービスにて入浴と社会参加、ヘルパーに家事支援を調整し、近隣も含めたAさんの支援、見守りが整いました。

一カ月半ほどで成年後見制度の「後見」が確定し、C弁護士が後見人となり、Aさんや家族が対応できない、そして医療や福祉、介護などでは担えないAさんの財産と暮らしを守る役割を担うこととなりました。長姉は「これでほっとした。もし制度がなかったら、弟のことを遠くから心配することしかできなかった。後見人さん、ケアマネさん、デイサービスやホームヘルプの職員さんが家族の代わりに弟を支えてくれ、それだけでなく、結果、私たち家族をも支えてくれるので、本当にありがたい。これからも家族として時々、訪問するが、よろしくお願いしたい」との意向を確認しました。

本事例は、認知症が進行し、さまざまな詐欺被害にあいながらも、自らの大変な状況が理解できない、発信もできない人を、本来なら家族で助け合いたいが、事情がありそれがかなわない方々を医師からの発信で、医療、介護、法律（成年後見人）、近隣が一つのチームとなり、多職種で連携し、認知症の人と家族を支えた事例です。しかし、これで一安心ではありませんし、認知症は進行しますので、今だけではなく、常に将来を予測し、認知症の人や家族が安心して暮らせるように多職種がその時々に合った提案、支援を届けることも大切となります。

3 今後の課題

一つ目の課題は、社会には認知症のある人に対し家族が暴行、金銭搾取、放置するなどの高齢者虐待があり、時に介護殺人などが起こっていることです。介護者家族は他の家族や支援者の存在があっても、迷惑をかけたくない、自分が頑張らないと、と思うことでむしろ孤立し社会から取り残され、また家族の中での力関係や金銭面、家族形態などが原因で悲惨な結果になることもあります。そのようなことに至らないように、他の親族や、近隣、医療、福祉、介護などの支援者がチームとなり、このようなつらい結果を招かないように防止し、または早期に気づき、改善、解消できることを願います。

二つ目の課題は、個人情報の保護に関することです。成年後見制度の申し立て動機は財産関係が圧倒的に多く、医療や介護をはじめ衣食住、すべてにお金が関係することも事実です。認知症の人や家族支援においても多職種連携の中でも金銭に関わり、取消権や同意権、代理権がある後見人などの必要性が高いことは言うまでもないでしょう。しかし、金融機関でのトラブルなどがある場合、家族や支援者、後見人などへつなぐために壁となるのは個人情報保護の問題です。認知症の人と家族を支えるには、個人情報を守り過ぎて、必要な制度や支援が後手に回ることを避け、認知症の人の最善の利益を考え、財産や暮らしを守るべく個人情報の保護と活用のバランスを適切に行う必要があると強く感じます。また本人の意思決定支援や権利侵害にも配慮が必要でしょう。

三つ目の課題は、成年後見人の役割には、死後の事務や身元保証、医療同意など、対応ができない、もしくは難しいことがあります。制度改正も検討されていますが、すべてを担うことは困難です。その一部分を担う協会やNPOがありますが、その一つの公益法人が不正を行い倒産しました。さまざまな制度でもまかなえない支援の部分を支えることは重要です。しかし、適切で健全な運営、透明化、監視機能が必要だと感じています。

おわりに

著者は一〇年ほど前に社会福祉士となるまでは、成年後見人とはどんなものか、その名称さえ知りませんでしたが、現在は成年後見人として、認知症の人と家族を、また家族の代わりに多職種の支援者チームの一人として活動しています。特に成年後見人などは支援者が担えない、財産管理や身上監護などを担当することから、権限は大きく、責任も重いと考えています。さらに認知症の人が今後も増加し、成年後見人などの重要性は増すばかりでしょう。成年後見人などの活動は、常に認知症の人の最善の利益を追求できるように、本人の現在だけではなく、過去を知り、希望や推定意思を視野に入れ、将来を見定め、さまざまな知識や情報の更新と提案、最善の選択、家族や多職種とのより良い連携が求められます。そのことで認知症の人や家族の負担を軽減し、安心して暮らせることを願い活動しています。権利擁護と権利侵害は紙一重であることや、家族にはリリーフがないことも心に刻み、これからの課題に対して多職種で手を取り合って乗り越えていく覚悟を、この貴重な機会をいただいたことへの感謝の印といたします。

［文献］
●法務省ホームページ：成年後見制度 http://www.moj.go.jp/MINJI/minji17.html

おわりに

小説としてはじめて認知症をテーマとした作品といわれる有吉佐和子作『恍惚の人』のある場面のことです。徘徊などさまざまな生活上のトラブルが目立つようになった舅の茂造をはじめて病院に連れて行ったとき、主人公の昭子は主治医から、この状態は認知症（当時は痴呆）という疾病であることを聞かされます。これを聞いた昭子は「精神病なのか、耄碌《もうろく》は」と独白しています。精神病という表現はさておき、昭子は舅が単に「耄碌した」ものと考えていたところ、「認知症という疾病」であることを知るのです。

有吉佐和子が小説の中で昭子にこのように言わせるのは、この作品が発表された一九七二年ごろ、一般の人々の中にも同様の感覚があったからだと考えることもできます。「耄碌」とは老いぼれて役に立たないという意味合いであり、決して肯定的なものではありません。けれども、いま考えなおしてみると認知症が引き起こす出来事を疾病とするよりも、耄碌としたほうが救いに富み好意的な気もします。とはいえ、昭子の苦労は現在も変わっていないでしょう。二〇二五年には六五歳以上の五人に一人が認知症を抱えながら生活すると推計されるなか、昭子の姿は自らの役割に重なります。

認知症の人を支えている〝家族を支える〟働きは、多くの価値観や関係性を尊重するまなざしであることが本書からわかりました。夫婦、親子、兄弟姉妹、義理の関係まで、さまざまな人間関係の上に〝認知症という暮らし〟が同居しています。当事者はもちろん家族にとって、認知症をめぐりいま困っていること、したくてもできないこと、申し訳ないと思うことなど、経済・環境・心理的な苦悩を支えるとは、何を支えることなのでしょうか。本書はそれについてそれぞれの専門職種が支援の力点を率直に語りました。おそらく家族の支援とは、重なり合う困難のそれぞれに対して重視しなければならない価値や意味の統合であり、学際的な試みのはずです。

また同時に、認知症の人とともに暮らす生活は、それを専門家に任せていればよいというものでもないはずです。きわめて大勢の人が認知症を抱えて過ごすなかでは、〝認知症を生きる〟新たな人生観も必要でしょう。冒頭の昭子が感じていた〝耄碌という構え〟もその一つだろうと考えています。

日本心理臨床学会の自主シンポジウムから生まれた家族支援の検討について、各領域から筆を進めてくださった皆さまに深く御礼申し上げます。また、我々からのメッセージを世に送り出してくださったクリエイツかもがわのご担当岡田温実様、代表取締役田島英二様には感謝の申し上げようもありません。本書を通して新しい認知症ケアを提言していくことで御礼にかえたいと存じます。

二〇一七年三月

新潟リハビリテーション大学 医療学部　リハビリテーション学科
リハビリテーション心理学専攻
准教授　若松直樹

編者PROFILE

小海宏之（こうみ・ひろゆき）

1962年生まれ。関西大学大学院社会学研究科博士課程前期課程修了。専門は神経心理・臨床心理アセスメント。医療法人恒昭会藍野病院ほかを経て、現在、花園大学社会福祉学部臨床心理学科教授。臨床心理士。著書：『高齢者こころのケアの実践　上巻：認知症ケアのための心理アセスメント、下巻：認知症ケアのためのリハビリテーション』（創元社、編著）、『神経心理学的アセスメント・ハンドブック』（金剛出版）、『認知症の人の医療選択と意思決定支援』（クリエイツかもがわ、分担執筆）ほか。

若松直樹（わかまつ・なおき）

1963年生まれ。桜美林大学大学院老年学研究科後期博士課程満期修了。博士（老年学）。日本医科大学街ぐるみ認知症相談センターほかを経て、現在、新潟リハビリテーション大学医療学部リハビリテーション学科リハビリテーション心理学専攻准教授。臨床心理士。著書：『高齢者こころのケアの実践　上巻：認知症ケアのための心理アセスメント、下巻：認知症ケアのためのリハビリテーション』（創元社、編著）、『認知症のコミュニケーション障害―その評価と支援―』（医歯薬出版、分担執筆）ほか。

認知症ケアのための家族支援
臨床心理士の役割と多職種連携
2017年5月31日　初版発行

編著者●ⓒ小海宏之　Koumi Hiroyuki
　　　　若松直樹　Wakamatsu Naoki
発行者●田島英二
発行所●株式会社 クリエイツかもがわ
〒601-8382 京都市南区吉祥院石原上川原町 21
電話 075(661)5741　FAX 075(693)6605
http://www.creates-k.co.jp　info@creates-k.co.jp
郵便振替　00990-7-150584

装丁・デザイン●菅田　亮
イラスト●ホンマヨウヘイ
印刷所●モリモト印刷株式会社
ISBN978-4-86342-211-7 C0036　printed in japan

認知症を乗り越えて生きる “断絶処方”と闘い日常生活を取り戻そう

ケイト・スワファー／著　寺田真理子／訳

●49歳で若年認知症と診断された私が、認知症のすべてを書いた本！
医療者や社会からの“断絶処方”でなく、診療後すぐのリハビリと積極的な障害支援で今まで通りの日常生活を送れるように！　不治の病とあきらめることなく闘い続け、前向きに生きることが、認知症の進行を遅らせ、知的能力、機能を維持できる！ 2200円

私の記憶が確かなうちに 「私は誰？」「私は私」から続く旅

クリスティーン・ブライデン／著　水野裕／監訳　中川経子／訳

●46歳で若年認知症と診断された私が、どう人生を、生き抜いてきたか
22年たった今も発信し続けられる秘密が明らかに！　世界のトップランナーとして、認知症医療やケアを変革してきたクリスティーン。認知症に闘いを挑むこと、認知症とともに元気で、明るく、幸せに生き抜くことを語り続ける…。 2000円

DVDブック 認知症の人とともに

DVDブック

永田久美子／監修　沖田裕子／編著

●認知症の人の思いがつまった90分のDVD収録 〈DVDの内容〉日本の認知症ケアを変えたオーストリアの当事者：クリスティーン・ブライデン＆ポール・ブライデンさん。触発された日本の当事者：佐野光孝さん、中村成信さん、佐藤雅彦さん。講演「私は私になっていく」（クリスティーン）全収録〈35分〉 5000円

認知症の本人が語るということ

扉を開く人 クリスティーン・ブライデン

永田久美子／監修　NPO法人認知症当事者の会／編著

クリスティーンと認知症当事者を豊かに深く学べるガイドブック。認知症の常識を変え、多くの人に感銘を与えたクリスティーン。続く当事者発信と医療・ケアのチャレンジが始まった……。そして、彼女自身が語る今、そして未来へのメッセージ！ 2000円

私は私になっていく 認知症とダンスを〈改訂新版〉

2刷

クリスティーン・ブライデン／著　馬籠久美子・桧垣陽子／訳

ロングセラー『私は誰になっていくの？』を書いてから、クリスティーンは自分がなくなることへの恐怖と取り組み、自己を発見しようとする旅をしてきた。認知や感情がはがされていっても、彼女は本当の自分になっていく。

2000円

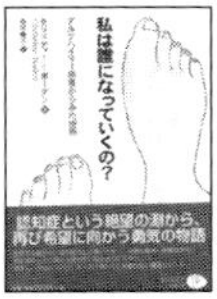

私は誰になっていくの？ アルツハイマー病者から見た世界

21刷

クリスティーン・ボーデン／著　桧垣陽子／訳

認知症という絶望の淵から再び希望に向かって歩み出す感動の物語！
世界でも数少ない認知症の人が書いた感情的、身体的、精神的な旅─認知症の人から見た世界が具体的かつ鮮明にわかる。

2000円

認知症カフェハンドブック

5刷

武地 一／編著・監訳　京都認知症カフェ連絡会・NPO法人オレンジコモンズ／協力

イギリスの二つのカフェに学び、日本のカフェの経験に学ぶ。認知症になったからと家に引きこもったり、家族の認知症のことで一人悩んだりするのではなく、気軽にふらっと立ち寄って、認知症のことを話し合ってみたい。そんな思いをかなえる場所、それが認知症カフェです。 1600円